섬이라니,
좋잖아요

벨라루나 한뼘여행 시리즈 003

섬이라니,
좋잖아요

김민수 지음

우리나라 작은 섬
텐트에서의 하룻밤

여행을 시작하면서

"이거 안 쓸 거면 버린다."

본가에서 주말을 보내다 집으로 돌아가려 할 때 어머니가 뭔가를 내어놓으며 말하셨다. 대학 때 쓰던 미군 반합과 두툼한 침낭이었다. 그것을 보고 방학이면 산과 바다를 누비던 젊은 시절의 나를 생각하며 집 안을 뒤졌다. 곳곳에서 그 시절의 흔적들이 하나하나 드러났다.

그렇게 다시 캠핑을 시작한 지 10년이 흘렀다.

최근 캠핑 인구가 기하급수적으로 늘어나면서 한적함과 여유로움을 찾아 떠났던 캠핑은 더이상 나만의 것이 아님을 알게 되었다. 바글거리는 캠핑장에는 늘 고기 굽는 냄새가 진동했고 촘촘히 세워진 텐트 너머로는 사적인 대화까지 속속들이 들려왔다. 매번 비슷한 장소, 똑같은 내용의 캠핑에서 벗어날 새로운 돌파구가 필요해졌다.

섬 캠핑은 그런 절실함에서 시작되었다.

처음에는 그저 바다를 건너왔다는 이유로 일상과의 단절을, 내가 찾던 한적함을 느끼고는 만족했다. 그러면서 점점 섬 캠핑의 묘미를 느끼기 시작했다. 일정을 계획하고 배낭을 꾸리면서 다시 캠핑을 다시 시작하던 그때처럼 설레기 시작했고, 기차와 버스 그리고 배에 오르며 여정 자체에도 즐거움이 있다는 것을 알게 되었다. 또, 섬에는 수려한 자연뿐만 아니라, 사람이 더불어 살고 있었으며 섬마다 서로 다른 삶의 방식과 문화가 존재하고 있었다.

"춥지 않겠소?"

150여 회가 넘는 섬 캠핑을 하는 동안 가장 많이 들었던 말이다.

젊은이들이 떠나고 아이들의 웃음소리가 사라진 섬에도 여전히 시간은 느릿거리며 흐르고 있었다. 그동안 나는 여러 번 텐트를 펼쳤고, 별빛이 쏟아지는 수많은 밤을 보았으며 동쪽 하늘을 붉게 물들이며 시작되는 아름다운 섬 아침을 만끽했다.

'캠핑은 여행의 또다른 테마'라는 말에 동의한다.

펜션이나 민박은 물론 식당이나 가게 하나 없는 작고 외진 섬에서도 텐트 한 동만 있으면 충분히 즐길 수 있었으며 사람 하나 찾지 않는 한겨울에도 남도의 섬은 아주 따뜻했다.

이 책을 읽다보면 섬 캠핑이란 것에 대단한 기술이나 노하우가 필요하지 않다는 것을 알게 될 것이다. 바다를 건너 떠날 용기와 섬에 있는 시간을 즐기고자 하는 마음만 있다면 장비의 수와 경험의 유무는 크게 문제될 것이 없다.

여행을 하는 동안 먼 길을 마다않고 여정을 함께해준 캠핑 크루 '이졸로또' 멤버들과 내 캠핑의 든든한 후원 그룹 '아미쿠스' 친구들에게 감사한다. '굿캠핑' 사장님 이하 임직원 여러분의 배려 또한 많은 도움이 되었다. 멋지게 암을 이겨내고 다시 산행을 시작하신 아버지와 늘 걱정으로 살펴주신 어머니, 언제나 훌륭한 지원군이 되어주는 나의 두 아들과 이 책을 함께 읽고 싶다. 또 어떤 말로도 표현할 수 없는 아내의 헌신에 감사하며 사랑한다는 말을 전한다.

이 책을 읽는 당신이 마지막 페이지를 덮을 때쯤에는 이 섬들 가운데 하나를 마음에 담고, 그곳으로 떠날 수 있기를 바란다.

차례

여행을 시작하면서 004

인천 안산

굴업도 016

백아도 026

덕적도 032

소야도 040

신도 046

모도 052

장봉도 057

무의도 062

주문도 068

풍도 074

보령 당진

외연도 082

녹도 090

고대도 095

장고도 101

대난지도 108

영광 부안

낙월도 116

송이도 122

안마도 128

위도 134

신안

백야도 144

마진도 150

비금도 156

도초도 162

우세도 169

우이도 175

하의도 182

신도 187

고사도 194

추포도 200

사치도 206

가거도 213

만재도 220

진도 완도

관매도 228

가사도 236

서거차도 242

소안도 248

소모도 255

보길도 261

여수

여자도 268

개도와 낭도 276

상화도 284

하화도 290

제도 296

초도 302

횡간도 308

연도 316

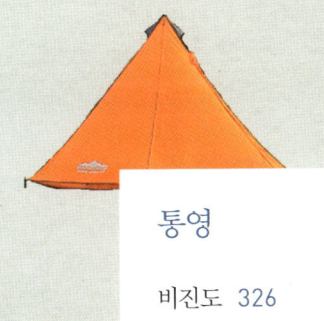

통영

비진도 326

우도 334

제주

우도 비양도 344

협재 354

인천
안산

굴업도

주소
인천광역시 옹진군 덕적면

즐길 것
트레킹, 사구, 코끼리바위,
소사나무 군락지, 해수욕장 등

야영지
큰말해수욕장, 개머리언덕,
덕물산·연평산 부근 다수

가는 길
덕적도 → 굴업도
평일, 동계 주말 11:20
하계 주말 09:30 13:00

문의/안내
한림해운 032-889-8020
굴업도 민박 032-818-3777
장할머니 민박 032-831-7833
010-9128-0838

굴업도 트레킹
큰마을 → 개머리언덕 (왕복 3시간)
목기미해변 → 연평산 → 덕물산 (왕복 2시간)

캠핑 TIP
홀숫날 덕적도-문갑도-굴업도(1시간 소요)-백아도-울도-지도-문갑도-덕적도
짝숫날 덕적도-문갑도-지도-울도-백아도-굴업도-문갑도(2시간 소요)-덕적도
굴업도 백패킹은 소요 시간이 적은 홀숫날 출발을 추천한다.

선단여의 전설

섬 캠핑에 있어 10월은 1년 중 최적의 달이다. 그 시기에 이런저런 이유를 핑계삼아 여행을 미뤄버린다면 청명한 하늘과 바다를 마주할 기회는 쉽사리 오지 않을지도 모른다. 이럴 땐 무조건 떠나고 봐야 한다. 개천절과 한글날 사이의 휴일을 가늠하다 일단 짐을 꾸려 바다로 향했다.

굴업도로 향하는 배를 타고 가다보면 덕적도와 백아도 사이의 앞바다에 커다란 바위 세 덩이가 보인다. 바로 선단여. 이 선단여에는 전설이 하나 전해져 내려온다.

옛날, 부모를 여읜 어린 남매가 백아도에 살고 있었는데 마귀가 나타나 여동생을 납치한다. 오랜 시간이 흐른 뒤 성인이 된 오빠는 고기를 잡던 중 풍랑을 만나 외딴섬에 들어가게 되고 그곳에서 아름다운 여인을 만나 사랑에 빠지게 된다. 그러나 사실 그 여인은 어릴 적 납치되었던 여동생이었던 것. 이를 안타깝게 여긴 하늘이 선녀를 보내 두 사람이 남매임을 알리나 남매는 그 사실을 인정하지 않은 채 사랑을 저버리지 않고 이에 노한 하늘이 번개를 내려 그들은 마귀와 더불어 죽는다. 그 바다에서 절벽 같은 3개의 돌기둥이 솟아나고 이를 슬퍼하던 선녀는 붉은 눈물을 흘리며 하늘로 돌아갔다는 이야기다.

이 길은 어디로 이어질까

이곳에 오기 전 간단하게 계획을 짰다.

1. 이장님께 전화를 하고 점심식사를 예약한다.
2. 이장님께서 화물차를 가지고 선착장에 마중을 나와줄 것이다.
3. 마을에서 식사를 마친 뒤 배낭을 맡긴다.
4. 연평산과 덕물산에 올라가 섬의 절경을 감상하고 정상에서는 굴업도 전체를 조망한다.
5. 다시 마을로 돌아와 배낭을 메고 개머리언덕에서 야영을 한다.

그러나 막상 도착해보니 계획과 달리 단체로 섬에 온 캠퍼들에 밀려 이장님께 태워달란 말 한마디 꺼내지 못하고 선착장에 덩그러니 남겨지고 말았다. 화물차 뒤칸에 몸을 싣고 떠나는 다른 캠퍼들의 모습을 막막히 바라보자니 머릿속에 온갖 동선이 얽히기 시작했다. 눈앞에 연평산과 덕물산이 펼쳐져 있었지만 그림의 떡이었다.

주변을 살피다가 마을 뒤편으로 이어진 길을 발견하고 가파른 흙길을 무작정 올랐다. 이 길이 개머리언덕으로 가는 길일 거라는 막연한 확신에 4리터의 수낭을 가득 채웠다.

사실 텐트를 칠 공간이야 주변에 널렸지만 개머리언덕으로 가지 않으면 후회할 거라는 생각에 한 걸음씩 더 내디뎠다. 선선한 가을임에도 한낮의 내리쬐는 열기는 여름날과 같고 그늘 하나 변변하지 않은 소사나무 군락의 구불구불한 가지는, 몸과 배낭이 빠져나가는 것조차 쉽게 허락하지 않았다.

마을에서부터 30분쯤 걷고서야 능선을 타고 오르는 사람들의 모습이 눈에 들어왔다. 그러고 보니 개머리언덕의 들머리는 마을 앞에 펼쳐진 해수욕장 끝이었던 것이다.

백패커들의 성지, 개머리언덕

개머리언덕은 그야말로 백패커들의 성지다. 수많은 백패커들이 배를 두 번 갈아타는 수고를 해가며 굳이 이곳을 찾아 텐트를 펼치는 이유는 고스란히 남아 있는 자연의 모습과, 바다와 하늘이 한눈에 들어오는 탁월한 조망 때문이다. 특히 가을에 이곳을 찾으면 풍성한 억새 성지를 만날 수 있다. 어느 곳에서 바라본들 절묘한 풍광이겠지만 이왕이면 언덕의 끝자락에 텐트를 올려보고 싶었다.

찬란한 태양빛과 기분좋은 가을바람이 억새의 결을 쓰다듬으면 그 사이로 이따금 사슴 떼가 지나가는 모습이 보인다. 그러면 그때 그 장면 속에 기꺼이 들어가 흘러가는 대로 몸을 맡기면 된다.

시간과 함께 흘러가는 섬

노을빛에 물들어 황금색으로 빛나는 언덕은 그야말로 환상 그 자체이다. 끼니를 해결하고 커피도 한 잔 타 마시다보면 어느덧 해가 기울고 저녁이 찾아온다. 섬에서는 시간의 흐름이 그때그때 눈에 들어온다. 시야는 완전히 어둠 속에 묻혔지만 바람이 풀잎을 스치는 소리, 풀벌레 소리, 사람들이 나누는 도란도란한 이야기를 듣다보면 고스란히 모습이 그려진다.

다음날 잠에서 깨고 보니 동쪽 하늘이 불그스레하다. 언덕의 끝으로 조금 더 내려가자 문갑도 저편으로 태양이 고개를 내밀고 있었다. 일몰이 아름다운 곳은 일출 또한 아름다웠다. 개머리언덕에서 일몰과 일출 모두를 보았다.

굴업도해수욕장 주변에는 마을이 있고 화장실과 개수대 시설이 갖춰져 있어 가족 단위로 즐기기에 안성맞춤이다. 이곳을 베이스캠프로 하고 섬을 둘러보는 일정도 괜찮을 것이다.

다시 찾은 굴업도

2년 후 3월, 굴업도를 또다시 찾았다. 이번에는 선착장 우측으로 펼쳐진 넓고 고운 해변을 지나 낮은 구릉 위에 있는 편평해 보이는 초지대를 숙영지로 택했다. 해안은 둘러싼 능선 덕분에 서쪽에서 불어오는 강한 바람으로부터 조금은 자유로울 수 있고 셸터로 사용할 알타이 텐트 역시 둥글게 팬 분지에 세팅하면 다소 안정된 캠핑을 즐길 수 있을 것 같았다.

개머리언덕과 같은 멋진 낙조와 일출은 기대하기 어렵지만 지형이 고르고 풀도 잔잔해서 어쩌면 더 나을 수도 있다. 움푹 팬 분지는 목기미연못이며 주변은 해안사구 습지로 1년 중 반은 물이 고여 있어 미꾸라지를 비롯해 50여 종의 물벌레가 서식하는 독특한 생태계를 이루고 있다.

꽁지머리 전이장님

능선 트레킹은 아침으로 미루고 식수 등을 사러 마을로 내려갔다. 흔적만이 남아 있는 목기미마을은 좋았던 세월을 바다에 실어 보내고 노 잃은 목선만이 외로움에 삐거덕댄다. 또 주위에는 출처를 알 수 없는 선박 부유물들과 의미조차 무색해진 전봇대만이 남아 있다.

꽁지머리 전이장님 댁에 들러 한끼 식사를 부탁드렸는데, 그분이 마침 배에서 내릴 때 기다렸다는 듯 쓰레기봉투를 나눠주고 텐트 한 동당 만 원씩 징수하시길래 조심스레 이유를 여쭤보았다.

들어보니 섬사람들은 민박으로 먹고사는데 모두 텐트를 가지고 들어와 야영을 하니 일단 수익이 확보되지 않고, 남은 쓰레기를 치우는 데 필요한 인력과 비용 또한 만만치 않아 그리 결정하게 되었다는 것이다. 캠퍼들은 취미 삼아 섬으로 간다지만 섬 주민에게는 그런 모든 것들이 삶이요 생활인지라 충분히 이해되고 또 공감됐다. 봄 바다 내음이 정겨운 인당 8,000원짜리 섬 밥상에도 공생의 지혜는 적잖이 담겨 있었다.

자연이 만든 조각, 코끼리바위

연평산을 향해 걷다보면 흡사 개머리언덕의 초입을 연상케 하는 소사나무 군락지를 지나게 된다. 모진 해풍에, 가지는 곧게 뻗는 대신 구불구불 제멋대로 자라는 걸 택했다. 그렇기 때문에 자유로워 보이고, 벌거벗고도 당당한 자태에 강한 생명력이 엿보인다. 능선을 따라 쉬엄쉬엄 걷다 돌아보면 목기미사빈으로 이어진 굴업도 동섬과 서섬의 모습이 한눈에 들어온다.

이곳 지형은 서쪽 해안이 유난히 거칠고 가파른데, 동쪽 해안이 습도와 소금기의 영향을 많이 받아 부식되었다면 서쪽 해안은 건조한데다 파도의 힘이 강해 오랜 세월 침식되고 절리를 따라 부서져 생긴 모양새다. 목기미해변의 서쪽 끝 중턱부터 높이가 50m는 훨씬 넘을 듯한 사구가 해안까지 이어져 있다. 워낙 입자가 작고 고아서 한 발을 떼어 앞으로 놓으면 그대로 무릎까지 빠져든다. 뒤뚱이며 미끄러지듯 아래로 내려오니 온몸이 모래투성이다.

인공적으로 만든 조각이라 해도 그 정교함에 감탄했을, 굴업도의 자랑 코끼리바위가 보이기 시작했다. 그러나 분명 자연이 만든 조각. 썰물 때, 물이 모두 빠져나간 뒤에야 그 자태를 내보이는 코끼리바위가 육중한 몸집을 뽐내며 거대한 코와 뒷다리로 버티고 서 있다.

목기미해변, 마을, 붉은 해변, 연평산, 덕물산, 사구, 코끼리바위 등 굴업도에는 개머리언덕 외에도 수많은 절경과 역사가 숨어 있다. 여러 섬을 가보았지만 굴업도는 특히 원시적 비경을 자랑한다.

백아도

주소
인천광역시 옹진군 덕적면

즐길 것
남봉, 동백나무 군락지

야영지
보건소마을 부근 해변,
발전소마을

가는 길
덕적도 → 백아도
평일, 동계 주말 11:20
주말 09:30 13:00

문의/안내
한림해운 032-889-8020
섬마을 민박 010-3758-4724
해변 민박 010-5251-0768
큰마을 민박 010-6789-8663

백아도 트레킹
보건소마을 능선-흔들바위-봉화대-기차바위
-선착장 (2시간 30분)

"날씨만 좋으면 풍광이 굴업도 못지않을 거예요."
자주 캠핑을 같이 다니는 광성에게서 걸려온 전화였다. 그는 대단한 섬 하나를 발견한 뒤 매표는 물론 섬 야영지와 트레킹 코스, 하루를 보낼 시공간적 동선까지도 모두 계획에 넣어두고 있었을 것이다.

 굴업도 백패킹을 꿈꿔본 사람이라면 나래호의 홀수, 짝수일의 의미를 알고 있을 것이다. 출발일이 짝숫날이라면 코스는 문갑, 지도, 울도, 백야도를 거쳐 굴업도까지는 2시간 30분이 걸리고 홀수일이라면 문갑, 굴업, 백아, 울도, 지도, 굴업도까지 50분이 걸린다. 섬 주민들의 순서에 따른 불만을 최소화하기 위한 조치라고는 하지만 불행히도 난 한 번도 홀숫날 섬으로 향했던 기억이 없다. 그래서 내게 굴업도는 늘 덕적 바다 가장자리를 한 바퀴 돌아야 닿을 수 있는 섬이었다. 덕적도에서 백아도로 향하는 나래호에 올랐다. 이번에도 짝숫날이었다.

섬 내음 가득한 한끼

이윽고 백아도에 닿아 배에서 내리면 1톤 트럭 한 대가 대기하고 있다. 민박집에서 손님을 태우러 온 차량이다. 백아도의 크기는 굴업도와 거의 비슷하고 20여 가구가 선착장마을과 발전소마을에 나뉘어 살며 생활한다. 지나는 곳곳에 덩그러니 내버려진 세월의 흔적들이 읽힌다.

선착장에서 발전소마을까지는 도보로 1시간 정도의 거리지만 차량을 이용하여 순식간에 도착했다. 태워준 것이 고마워 민박 손님들 사이에 끼어 밥 한 상을 주문하였다. 돌게장, 굴 무침, 홍합국, 조기구이 등 섬에서 잡고 채취한 재료에 민박집 주인이 정성으로 버무리고 간을 맞춘 음식들로 입안 가득 소박한 섬 내음이 들어온다.

남아 있는 시간에 대한 기대를 접고

바다가 동그랗게 만입된 마을 앞 해변에 설영하였다. 멍한 눈을 비비며 주위를 둘러보니 제법 수려한 경관, 무엇보다 바다를 둘러싼 지형의 모습이 사뭇 늠름하다. 바닷가 산책이나 한번 나서보려는데 방파제 끝에 노란 옷을 입고 앉아 있는 광성이 눈에 들어온다. 낚시가 취미인 그는 안타깝게도 낚시에 소질은 없는 듯하다. 그가 있는 방파제로 걸어나가 "좀 잡았어?" 묻는 대신 그저 한마디했다. "춥다, 가자."

자갈과 굵은 모래가 뒤섞인 다소 거친 바닥, 이렇듯 고르지 못한 지형에서도 백패킹용 로우코트는 안락한 잠자리를 제공하는 꽤 괜찮은 장비이다. 바닥에서 한기가 올라오는 계절에는 단독으로 쓰기에 무리가 있지만 조금 따뜻해지면 매트리스 없이 사용해도 될 만큼 탄탄한 텐션을 자랑한다.

프라이팬에 기름을 두르고 아내가 담아준 버섯전을 노릇하게 구웠다. 광성은 복분자 원액에 소주를 타고 나지막이 음악도 틀어두었다. 고요한 바다는 호수와 같아 마치 정지되어 있는 듯하다.

백아도 마을 산책

다음날 배를 타기 전에 백아도 마을 산책에 나섰다. 발전소마을 앞쪽으로 거칠게 뻗은 해안절벽을 남봉이라 부르는데, 이곳은 높지는 않지만 굴업도의 개머리언덕처럼 평탄하게 이어지는 코스가 아니어서 오르는 내내 발끝에 신경을 집중해야 한다. 오르고 보면 아찔하고 상쾌한데다 해식동굴을 포함해서 감탄해도 좋을 만큼의 비경을 자랑한다. 카메라에 풍경을 담으며 쉬엄쉬엄 감상하고 걷는다면 왕복 3km를 1시간 30분 정도면 충분히 돌아볼 수 있다.

백아도에서는 보건소마을 뒷산으로 발전소마을까지, 남봉 코스 또는 해안도로를 따라 걸어도 좋다. 발전소마을에서 시작된 트레킹은 멀리 희미하게 보이는 보건소마을을 지나고 섬의 끝 모퉁이를 돌아 선착장에서 마무리될 것이다.

대나무숲을 지나자 섬을 닮은 오래된 집 한 채가 있어 조심히 마당에 들어가보았다. 오래된 교회 건물과 낡은 종 하나, 섬은 멈춰 있는 것에 대해 비교적 관대하며 쓸모가 있든 없든 버리고 잊어버리는 일을 서두르지 않는다. 있는 듯 없는 듯 오래 머물렀을 교회 건물을 카메라에 담고 다시 숙영지로 돌아갔다.

덕적도

주소
인천광역시 옹진군 덕적면

즐길 것
트레킹, 섬 택시 투어

덕적도 트레킹
선착장→비조봉→밧지름해변
비조봉→국수봉

야영지
밧지름해수욕장, 서포리해수욕장,
능동자갈마당, 작은 이마

맛집
여수횟집 032-832-9390

가는 길 (하계 주말 기준)
인천항 → 덕적도
페리호 08:00 (2시간 40분)
쾌속선 08:00 11:20 15:00 (1시간 10분)
덕적도 → 인천항
페리호 15:00 (2시간 40분)
쾌속선 09:30 13:00 16:30 (1시간 10분)
대부도 → 덕적도
페리호 08:00 12:20 (1시간 40분)
덕적도 → 대부도
페리호 12:00 16:10 (1시간 40분)
* 정확한 운항 시간은 '가보고싶은섬' 홈페이지 참조

문의/안내
대부해운 032-886-7813
고려고속페리 1577-2891
케이에스해운 032-887-2705
덕적도 택시 강응석씨 010-2055-5855

인천항 연안 여객선터미널을 떠나 덕적으로 가는 객선에는 제법 많은 사람들이 붐빈다. 서너 군데 산악회에서 단체로 섬 트레킹을 가는 듯 보였고 매점 아주머니는 오랜만에 꽉 찬 여객실 덕에 손놀림이 분주하다. 출항 후부터 날리던 진눈깨비는 그칠 기미가 보이지 않아 사람들은 대부분 따뜻한 객실 바닥에 어울려 있다. 자월도와 승봉도에서 대부분 내리고 나면 객선은 느릿거리며 바다를 떠돌다 목적지 덕적도에 닿는다.

11시가 넘어서야 덕적도 진리선착장에 도착했다. 평소 진리선착장에 늘어서 있던 소라, 간자미 등을 담은 다라이와 그것을 파는 섬 아낙들을 겨울에는 찾아볼 수가 없다. 날씨만큼이나 스산했던 덕적도, 스쳐가거나 혹은 머물거나 낯익다는 이유로 오히려 무심했던 섬. 주변 식당 반 이상이 문을 닫았고 가게라고는 매표소 건물 앞 슈퍼 하나만이 문을 열고 영업을 하고 있었다.

큰 물 섬 덕적도

덕적도는 인천을 기점으로 남서쪽으로 75km 해상에 위치하고 있다. 이름은 '큰 물 섬'이라는 우리말에서 유래한, 물이 깊은 바다에 있는 섬이라는 뜻이다.

밧지름, 서포리, 능동자갈마당 등 해수욕장이 들어서 있으며 국수봉(314m)과 비조봉(292m)을 연결하는 12km 길이의 산행 코스가 개설되어 있어 연중 많은 관광객들이 찾는 섬이다. 특히 서포리해수욕장은 백사장 뒤로 울창한 송림이 펼쳐져 있고 제반시설이 잘 갖춰져 있으며 멀지 않은 곳에 오토캠핑장이 조성되어 있어 캠핑을 즐기기에 안성맞춤이다.

덕적면 공영버스(2대)가 대체로 배 출항 및 입항 시간에 맞춰 선착장에서 서포리, 선착장에서 북리 간의 노선을 운행한다. 선착장에 수시로 대기중인 승합차들을 이용하는 것도 방법이다.

앞바다와 먼바다, 경계의 섬

덕적도에서 야영을 결정하고 서포리를 제외한 좀더 색다른 야영지를 찾아보다가 덕적도 북쪽 끝에 있는 몽돌해변인 능동자갈마당으로 가보기로 했다. 선착장에서 자갈마당까지의 거리는 상당히 먼 편이라 덕적도에 단 한 대밖에 없다는 택시를 이용했다.

택시기사 강응석씨는 TV에도 여러 번 출연한 적 있는 덕적도의 마당발이다. 어쩌다 이 섬에 들어와 살게 된 지 40여 년이 흘렀고 작년에는 너무도 사랑했던 아내를 이곳에 묻으셨다 한다. 그만큼 이 섬에 대한 애정이 깊다.

해변이 자갈(몽돌) 천지인데다 북향이라 덕적도에서도 가장 바람이 강한 곳으로 알려져 있는 능동자갈마당은, 강응석씨의 말에 따르면 태종대와 대구의 자갈마당을 연상하여 본인이 이름 붙인 것이 지명의 시초가 되었다고 한다.

섬 캠핑에서 가장 중요한 장비

능동자갈마당에 도착해보니 듣던 대로 바람이 상당하고 날카로운데다 겨울이라 텐트를 설치하기가 만만치 않았다. 퍼덕이는 스킨과 폴을 부여잡고 곱은 손을 비벼가며 어찌어찌 힘겹게 설영하고 잠시 몸을 녹이다보니 지나간 하루가 허무하고 아쉽기만 했다.

섬 캠핑을 할 때는 대부분 해변에 텐트를 펼치는 편이지만 매번 쾌적한 야영지를 찾을 수 있었던 것은 아니다. 질퍽한 모래를 만나거나 울퉁불퉁한 바닥에서 때론 편평한 땅 한 자락이 아쉬운 적도 많았다. 갯돌 위에 등을 대고 잠을 청한 적도 부지기수였기 때문에 동계 캠핑에서 가장 중요한 장비가 무엇이냐고 묻는다면 당연히 매트리스를 꼽을 것이다.

매트리스는 일정 이상의 두께가 확보가 돼야 하며 지지력이 튼튼하고 내구력을 우선순위로 삼는다. 우리나라 기후 여건을 보았을 때 동계 백패킹을 위해서는 R-value(단열성능치)가 4.5 이상이면 충분하다.

섬 택시 투어

능동자갈마당은 물살이 세고 깊어 여름철에도 해수욕에는 적합하지 않다. 대신 영겁의 세월 동안 곱게 깎이고 다듬어졌을 크고 작은 몽돌과 해변 양쪽으로 펼쳐진 기암괴석과의 조화, 선미도와 북쪽 수평선의 탁 트인 전망은 남쪽 서포리해변과는 분명 다른 매력이 있다. 게다가 이 해변에서 캠핑까지 한다면 텐트에 누워 밤새 자글거리는 몽돌과 파도의 앙상블을 느껴볼 수 있을 것이다.

진리선착장에서 자갈마당까지 택시비는 15,000원. 물론 뜸하게 운행하는 버스를 이용하거나 모질게 마음먹고 트레킹 삼아 섬 등산로를 타

는 것도 방법 중 하나이다. 그러나 덕적도가 작은 섬이 아니기에 제대로 돌아보기 위해선 섬 택시나 민박, 펜션의 차량을 고려해보는 것이 좋다. 비용은 대당 50,000원, 소요 시간은 2시간 정도라 한다.

 강응석씨는 덕적도의 명소는 물론 알려지지 않은 곳까지, 구석구석 멋진 풍광을 소개할 수 있다며 '섬 투어'에 대해 자랑을 한 무더기 늘어놓았다.

서포리해변에서

캠핑을 다니는 이웃들과 함께하기도 했다. 처음 보는 사람들과의 어색한 분위기는 덕적도로 향하는 배 안에서 떨쳐냈던지라 텐트 세팅을 마치고 공용 타프 아래 모여 있자니 이미 오랜 친구 같았다. 준비해온 음식들을 꺼내놓고 오순도순 둘러앉았다.

서포리해수욕장 서편으로는 작은 방파제가 있다. 몇 명이 싸구려 민낚싯대를 들고 그쪽으로 향했다. 낚싯대를 드리우고 바닷가에 줄지어 선 모습이 영락없이 섬 아이들이다.

얼마 지나지 않아 누군가 "잡았다!" 소리쳤다. 그의 낚싯줄엔 손바닥만 한 망둥이 한 마리가 걸렸다. 이어서 계속 올라오는 크고 작은 망둥이. 망둥이회는 광어보다 맛있다고 어디선가 들은 이야기를 떠올리며 입맛을 다시는데 아직 한 마리도 잡지 못한 아내가 마음에 걸렸다. 아내는 누군가의 제안으로 낚싯대를 바꾸었고 모두의 응원을 받으며 물고기가 낚이기를 기다렸다.

얼마나 지났을까. 앗싸 하는 환호성과 함께 물고기 한 마리가 물을 차고 올라왔다. 오늘 우리가 잡은 것 중 가장 큰 물고기. 그것도 망둥이가 아닌 볼락이었다.

섬의 밤, 밤의 섬

오후 내내 엷게 드리웠던 구름 덕에 멋들어진 낙조는 보지 못했다. 대신 푸른빛으로 변해가는 하늘과 바다, 그리고 랜턴의 노란빛이 선명해질 즈음 우리는 다시 해변에 모여 앉았다. 바쁜 삶이 이어져오는 길에 잠시 사이를 내어 함께 머물다 가는 시간, 바다는 평화롭고 화톳불 한 조각이 불꽃처럼 피어올랐다. 서포리 밤바다에 텐트들이 저마다의 색을 뽐내고 서로 살아가는 이야기들이 새삼 새롭게 파도 소리와 함께 이어지다, 어느덧 정적이 찾아왔다.

여수횟집의 장어탕

진리선착장 부근 여수횟집의 주메뉴는 장어탕이다. 돌아가는 날에는 이곳에 들러 장어탕을 한 그릇 먹어보는 것도 좋겠다. 고향이 여수인 사장

님 내외분이 90년대 중반, 섬으로 들어와 식당을 개업했다. 알려지기까지는 쉽지 않은 세월이 있었겠지만 이제는 덕적도의 어엿한 대표 맛집이다. 살갑지 않은 사장님의 말투 때문에 간혹 오해하는 사람도 있지만 여수의 맛을 고스란히 옮겨와 칼칼하면서도 특유의 담백한 맛이 난다. 장어의 양도 넉넉한 편이다.

소야도

주소
인천광역시 옹진군 덕적면

즐길 것
트레킹, 중노골,
작은목해변, 갯바위 낚시

야영지
뗏부루해변 야영장

가는 길
인천항 → 소야도
쾌속선 08:00 09:00 11:00 15:00 (1시간 10분)
소야도 → 인천항
쾌속선 09:15 13:15 15:55 16:15 (1시간 10분)
대부도 → 소야도
페리호 08:00 12:20 (1시간 40분)
소야도 → 대부도
페리호 11:40 15:40 (1시간 40분)
* 평일/주말과 계절별로 운항 시간이 변동되니
'가보고싶은섬' 홈페이지 참조

문의/안내
대부해운 인천지점 032-887-6669
대부해운 032-886-7813
케이에스해운 032-887-2705
고려고속페리 1577-2891
소야도닷컴 www.soyado.com

캠핑 TIP

섬 캠핑 때 덕트 테이프를 하나쯤 가지고 다니면 꽤 유용하게 사용할 수 있다.
1. 텐트가 찢어졌거나 폴이 부러졌을 때
2. 손발을 삐었거나 베었을 때
3. 안경다리가 부러졌거나 신발 밑창이 떨어졌을 때

5성급 섬 야영장, 뗏부루해변

배가 선착장에 도착하자 15인승 마을버스 한 대가 우리를 반긴다. 야영지인 뗏부루해변까지는 약 2.5km로 트레킹을 해도 괜찮은 거리지만 혹시 버거워하는 일행이 있다면 마을버스를 타는 것도 괜찮은 방법이다. 버스는 선착장부터 턱골, 뗏부루해변, 소야교회, 마을회관까지를 하루 6차례 왕복한다.

소나무숲과 바다를 향해 늘어선 방풍림이 바람을 막아주는 오붓한 야영장, 하루에 두 번 청소하는 깨끗한 화장실과 수량 좋은 개수대, 뗏부루해변은 어느 때 찾더라도 기대를 저버리는 법이 없다.

높고 파란 하늘과 햇살을 받아 반짝이는 바다를 바라보니 영락없는 가을이다. 색 바랜 잔디 위에 텐트를 설영하고는 야영장 앞에 늘어선 정자 하나를 식사용 데크로 사용하기로 하였다.

소야도는 옹진군 덕적면에 속해 있는 면적 3km^{2}의 작은 섬이다. 덕적도와는 불과 600m 거리에 있으며 섬과 섬을 잇는 연도교를 2018년 완공을 목표로 건설중이다. 만약 차를 가지고 소야도로 들어가려 한다면 대부도 방아머리선착장에서 출발하는 페리호를 이용해야 한다. 섬에는 별도의 식당이나 슈퍼가 없지만 뗏부루해변 입구 펜션에서 운영하는 매점이 있어 간단한 주류나 음료, 라면 등은 구입할 수 있다.

중노골해변

소야도에선 섬의 곳곳으로 산책 삼아 걸을 수 있는 트레킹 코스를 나름 대로 만들어갈 수 있다. 뗏부루해수욕장의 끝으로 잠시 산자락을 올랐 다 내려가면 모래사장이 끊어질 듯 이어지는 해변이 펼쳐지는데, 영화 〈연애소설〉의 촬영장소로 알려져 있는 중노골해변이다. 단단하고 고운 백사장을 물길이 가로지르니 흡사 모래섬이 떠 있는 모습이라 아내를 뛰 어 건네게 하고 앙리 카르티에 브레송의 〈생 라자르 역 뒤에서〉를 흉내내 어보았다.

해변을 따라 부드러운 모래와 검은 바위를 몇 차례 건너가니 소나무가 허리를 숙여 바다를 향한 곳에 텐트 두 동이 자리하고 있었다. 뗏부루해 변 야영장처럼 말끔하게 조성된 느낌은 덜했지만 섬 백패킹은 좀더 야생 적이어도 좋을 듯해 다음 캠핑의 야영지로 이곳 중노골 해변을 점찍어두 었다.

해변의 저녁식사

반나절을 보내고 나니, 예전 큰 말 뒤편 바다가 갈라지는 곳에서 낙지를 잡던 섬 아낙들의 모습이 생각났다. 썰물 때 물이 빠지며 3개의 섬이 연결되는 물푸레 섬으로 가던 길에 갯돌과 바다가 맞닿은 적당한 자리를 골라 작은 삽으로 이곳저곳을 열심히 쑤셔보았다. 그러나 나오라는 낙지는 보이질 않고 뜸하게 바지락만 걸려든다.

"낙지가 있을 만한데 안 나오네. 대신 오늘 저녁은 바지락죽도 좋겠다."
 야영장으로 돌아가는 길에 아내는 아쉬움이 남았는지 갯바위에 다닥하게 붙은 굴껍질을 떼어내 그 속살을 채취하기 시작했고 나 역시 게라도 몇 마리 잡을 요량으로 갯돌을 뒤집기 시작했다. 바스러진 껍질 조각이 간간이 씹히는 자연산 굴을 빨아먹다가 코펠에 라면 두 봉지를 넣고 게와 남은 굴을 넣어 끓이니 생선회 부럽지 않은 해물라면이 완성되었다.

아내와의 시간

텐트 밖에 작은 모닥불을 피우는 동안 아내는 바지락을 손질해 죽을 끓이고 소라를 삶아 조촐한 만찬을 준비했다. 오래도록 밖에 머물다가 거센 바람을 피해 텐트 전실에 들어가 앉아 나란히 어깨를 기대고 믹스커피의 달달함에 빠져보기도 한다. 텐트로 돌아와 쉬는 시간은 제법 빠르게 흘러간다.

다음날 아침 야영장에서 선착장 방향으로, 산책을 나섰다. 방파제에 할아버지를 앉혀두고 등이 굽은 할머니가 물 빠진 갯벌에 들어가 있었다. 할머니는 이윽고 한 손에는 지팡이를 다른 한 손에는 바가지를 들고 힘겹게 올라오신다. 아침 찬거리를 마련하신 것일까? 바지락 속살을 넣어 죽이라도 끓여 내오면 마주한 낡은 상 위로 애잔한 정이 먹먹할 것이다. 물이 나면 섬은 뭍이 되고 물이 들면 뭍은 섬이 되듯, 오랜 세월 들고 나는 동안 살아온 인생도 함께한 사랑도 섬처럼 두 사람만의 공간으로 완성되어 있었다.

신도

주소
인천광역시 옹진군 북도면

신도 트레킹
신도선착장→구봉산(약수터)
신·시도 연도교→시도공원→
수기해수욕장(드라마〈풀하우스〉
세트장)→시·모도 연도교→
배미꾸미조각공원→신도선착장

야영지
구봉정 주변 평지

가는 길
▶버스
동인천역(112번 탑승)→서부공단입구(710번
환승)→삼목선착장 사거리→삼목선착장 도착
계산역(710번 탑승)→삼목선착장 사거리→
삼목선착장 도착
▶세종해운
삼목 → 신도 07:10~19:10 1시간 간격
신도 → 삼목 07:30~19:30 1시간 간격
▶한림해운(북도고속페리)
삼목 → 신도 08:40~20:40 2시간 간격
신도 → 삼목 10:00~21:50 2시간 간격

문의/안내
㈜세종해운 032-884-4155
한림해운 032-746-8020
북도면사무소 032-899-3415
신도매표소 032-751-0192

주말 캠핑 전야제

주말 캠핑을 즐기기 위해서는 금요일 밤부터 바지런히 준비해야 한다. 다음날 일찍 배를 타기 위해 금요일 밤 인천공항 근방의 용유도해변 야영장에 사이트를 만들었다. 남겨두고 온 일이 무엇이 되었건, 일주일간 쌓여온 모든 스트레스는 다 잊어버린 채 그렇게 캠핑은 시작되었다. 황량한 갯벌 위를 헤매고 다녔을 독기 서린 바람이 쉘터 안을 헤집고 들어와 등짝에 휘감기는 몹시도 추운 밤, 난로의 작은 온기에 손과 발을 비벼가며 다음날의 백패킹을 위한 이야기를 나누었다.

겨울 그리고 신도

다음날 아침, 삼목선착장 주차장에서 라면을 끓여 해장한 후 앞바다 건너, 옹진군 북도면의 섬, 신도로 향했다. 배를 탄 지 10분이 채 되었을까? 객실에 배낭을 부리고 카메라를 꺼내 풍경을 몇 컷 담았을 뿐인데 여객선은 벌써 섬으로 들어선다. 하선하여 주위를 둘러보면 여느 섬과 다름없이 선착장은 깨끗하게 정리되어 있다. 비수기라 한적했지만 체인으로 채워놓은 대여용 자전거들을 보자 한여름 북적였을 섬 분위기가 예상되었다. 잠시 대형 관광안내도 앞에 멈춰서 야영지인 구봉산 구봉정의 위치를 찾아보니 2km 남짓한 거리다. 많이 걷지 않아도 된다는 사실에 안도하며 중간 편의점에 들러 맥주 한 캔으로 간단히 목을 축였다.

구봉정에 오르다

차로를 따라가다 구봉산으로 이어지는 산길은 정상을 향해가는 여러 코스 중 하나이다. 구봉산은 높이 178m의 아담한 산이다. 산길 양옆으로는 700그루의 벚나무가 늘어서 있지만 잎을 모두 떨구고 앙상해져 화사했던 봄의 정취는 흔적조차 찾을 수 없다.

 구봉정에 오르니 섬의 대략적인 해안선과 바다 건너 인천공항과 영종도가 한눈에 들어온다. 넉넉하고 독립적인 장소는 아니지만 촘촘히 모여들면 알파인 텐트 7~8동은 능히 들어설 수 있을 것이다.

막걸리 한 박스의 정성

 구봉정은 트레커들이 점심 혹은 간식을 먹는 장소로 이용하는 정자이다. 그렇게 쉬어가는 정자에 앉아 있으니 겨울을 이리 포근하게 느껴본 지가 얼마 만인가 싶다. 뒷산에 올라 익숙한 풍광을 마주한 듯 마냥 편안한 시간이다. 여정을 알차게 채워야 한다는 의무감도 없이 남쪽 하늘에 느릿거리는 해를 따라 게으름도 부려보았다. 신도 구봉산에서는 구봉정 주변의 전망이 가장 좋다고 한다. 인천의 솟아오른 아파트 단지를 무심히 바라보다 그리 멀리 떠나오지 않았음에 왠지 모를 안도감을 느낄 즈음 멀리서 커다란 배낭을 짊어진 채 막걸리 한 박스를 함께 들고 산을 오르는 부부가 보였다. 모두에게 그야말로 서프라이즈 그 자체였다.

　선착장에서 이곳까지의 거리도 만만치 않았을 테고 막걸리 박스의 무게만큼이나 힘이 들었을 텐데, 부부는 사람들과 함께 나눌 시간을 위해 고생을 마다않았던 것이다.
　열정과 정성들이 모여 저마다의 랜턴으로 셸터 안을 밝혔고 모두의 입가에는 미소가 떠날 줄을 몰랐다. 세상은 온통 캠퍼들이 만들어낸 색으로 꾸며진 듯하였다. 커다란 웃음과 이야기가 꽃을 피우고 캠핑의 즐거움을 나누다보면 시간은 어찌 흘러가는지. 직업, 나이는 물론 추구하는 가치가 다르다 한들 이곳에서 어떤 의미가 있을까.

백패킹과 오토캠핑

　다음날 느지막이 일어나 텐트 밖으로 나오니 해가 중천에 솟아 있었다. 기대했던 일출은 이미 부지런한 일행들의 카메라 속에 담겼을 테고, 이제 구봉정은 섬을 즐기러 온 또다른 이들에게 내어주어야 할 것이다. 등산객들이 올라오기 전 어젯밤의 자취들을 서둘러 치우고 음식물을 대충

제거한 코펠들은 물을 끓여 종이행주로 닦아 말렸다.

　백패킹의 장점 중 하나는 장비를 펼치고 정리하는 시간이 오토캠핑에 비해 훨씬 짧다는 점이다. 내어놓은 장비라고는 배낭 안에 들어 있던 것이 전부일 테니 당연히 그럴 수밖에 없다. 어느새 본래의 모습으로 깨끗하게 정리된 구봉정을 뒤로하고 잔설이 남은 임도를 따라 내려오는 길, 산악자전거를 탄 한 무리가 올라오더니, 등산객들의 행렬이 이어진다.

　겨울은 캠퍼들에게 넉넉한 쉼터를 제공한다. 초록과 생명의 열정이 사라진 산과 바다라 할지라도 그 찬란한 시간을 비워낸 후의 멋과 여유로움이 존재한다. 수도권에 살고 있다면 전철과 버스만을 통해 만날 수 있는 아주 가까운 곳, 그 섬에도 물 위에 떠 있는 작은 세상이 있었고 겨울 이야기는 아름답게 펼쳐지고 있었다.

모도

주소
인천광역시 옹진군 북도면

즐길 것
배미꾸미조각공원,
시도신도 트레킹, 북도 막걸리

야영지
배미꾸미조각공원 들어가기 전
좌측 바닷가 시도 수기해변

가는 길
삼목선착장 → 신도 하선 (10분)
차량 적재 가능 (왕복 20,000원)
▶백패킹시
신도 하선 후 버스로 모도로 이동
신도선착장→구봉산(약수터)신·시도 연도교→
시도공원→수기해수욕장(드라마 〈풀하우스〉
세트장)→시·모도 연도교→
배미꾸미조각공원→신도선착장

문의/안내
㈜세종해운 032-884-4155
북도면사무소 032-899-3415
북도면사랑 홈페이지 www.bukdo.kr
삼목선착장 032-746-8020

캠핑 TIP
- 특보는 없는지 일기예보를 수시로 확인한다.
- 사리 때는 조석의 차가 가장 크고 해수면이 높으니 바다가 가까운 곳은 피한다.
- 바닷가에선 기온이 떨어지는 날에는 반드시 강풍이 예상되니 주의한다.
- 봄철(4~5월)에는 안개로 인한 결항이 많으니 주의한다.
- '알려드립니다'로 시작하는 마을 방송에 집중한다.

다리로 연결된 세 개의 섬

신도, 시도, 모도는 다리로 연결되어 있다. 옹진군 북도면에 있는 섬들 중 장봉도와 신도를 다녀왔지만, 강화도와 무의도에서 바다 건너 섬의 모습을 익히고 손에 닿을 듯 바라다보았지만, 직접 가본 적은 없던 섬 모도.

영종도 삼목선착장에서 한 시간 간격으로 첫 배, 두번째 배가 떠나고 세번째 배 시간이 되어갈 때쯤 내 차도 승선대기선에 섰다. 옹진군 북도면에 속한 섬들은 아담해서 둘러보기 쉽고 더욱이 장비를 가득 실은 차량이 함께하니 어느 곳에 텐트를 펼친다 해도 크게 문제될 건 없을 것이다. 물론 선착장 부근에는 자전거 대여소가 있어 자전거를 타고 섬을 둘러볼 수도 있다. 여객선을 타고 10분 바다를 건너면 신도선착장에 도착한다.

신도에서 연도교를 건너 시도에 도착해 드라마 〈풀하우스〉 세트장이 들어서 있는 수기해변으로 갔다. 백패킹이라면 소나무 아래 사이트를 만들 수 있으련만 분위기가 산만하고 바닥 또한 대부분 모래사장이라 오늘 준비한 오토캠핑 모드로 자리하기에는 짐도 많고 영 마땅치 않다.

모도도 한번 살펴보기 위해 연도교를 건너 배미꾸미해변으로 향했다. 배미꾸미조각공원 갈림길에서 왼편의 바다 쪽으로 방향을 틀었다. 갯벌과 바다를 마주한 아주 그럴싸한 공간이 펼쳐졌다. 거실텐트 7~8동은 족히 들어설 만하고 차량을 세울 공간도 넉넉하다. 부지런히 텐트를 세우고 장비를 세팅, 초봄 변덕스러운 바닷바람을 대비하여 팩다운을 꼼꼼히 하고 스트링도 모두 당겨준다.

북도양조장의 도촌 막걸리

모도로 넘어오기 전, 시도에 위치한 북도면사무소 앞 대로변에서 오래된 양조장을 봐두었다. 시도의 북도양조장은 일제강점기 때부터 운영해온 곳으로 지금은 그 아들이 2대째 운영하고 있다고 한다. 양조장의 외관도 오래된 건물을 잘 관리한 덕인지 제법 고풍스럽다.

　'막걸리는 옆 가게에서 팔아요'라는 문구가 양조장 오래된 대문에 붙어 있다. 이끌리듯 막걸리를 사 마셔보았다. 이곳의 막걸리는 탄산기가 있으나 도수가 다소 높고 단맛이 덜해 예스러운 맛이 났다.

배미꾸미에 펼쳐지는 빛의 향연

배미꾸미는 이곳의 지형이 배의 밑구멍처럼 생겼다 해서 붙여진 이름이다. 조각가 이일호씨가 작업실을 만들고 해변에 작품을 하나둘 전시했고 그 수가 100여 점을 넘기며 조각공원의 모습을 갖추게 되었다. 시도에서 시작된 트레킹 코스의 반환점이며 신도, 시도, 모도를 잇는 마을버스도 이곳에서 회차한다. 주말이라 제법 모여든 관광객들과 트레커들에 섞여 작품을 감상하고 사진에 담았다.

    신도, 모도, 시도에는 특별한 것이 있다. 바로 화장실이다. 신도선착장 화장실은 한겨울에도 개방되어 있는데 그곳 문 앞에는 세 섬의 또다른 화장실을 안내해놓았고 동계에 사용 가능한 화장실 위치를 표시해놓았다. 시도 수기해변과 모도로 들어오기 전 노루메기란 곳의 화장실도 물론 비교적 깨끗하게 관리되고 있어서 그곳에서 캠핑에 필요한 물도 받고, 야영지에서 그리 멀지 않아 두어 번 들락거린다면 생리현상을 해결하는 데 어려움이 없을 듯했다.

강풍주의보

하루를 힐링하고 다음날 역시 느긋하게 섬을 즐기다 점심때를 넘겨 신도 선착장으로 나서니 강풍주의보가 발령되었다 했다. 육지가 코앞인데 뜻하지 않은 결항이었다. 오전에 마을 방송을 통해 알렸던 터라 대부분의 관광객은 이미 섬을 비웠다고 한다. 해운회사, 해양경찰, 해운항만청에 전화를 걸어 부탁해보아도 달라질 일은 없고 결국 섬에 발이 묶이는 초유의 경험을 하고야 말았다. 주말 캠핑을 떠나온 일행은 모두 월요일에는 일상으로 돌아가야 하는 사람들. 하지만 어쩔 수 없는 일이라 서로를 위로하며 결국 선착장 근방의 펜션을 얻고 하룻밤을 보냈다.

월요일 아침. 다행히 새벽에 인천지역 주의보는 모두 해제되고 운항은 정상적으로 이루어진다고 했다. 사람들이 첫 배를 기다리며 쭈욱 늘어서 있는 모습을 보며 비로소 안도의 한숨을 내쉬었다.

장봉도

주소
인천광역시 옹진군 북도면

즐길 것
트레킹, 옹암해수욕장, 한들해수욕장, 진촌해수욕장, 가막머리, 노랑부리백로, 괭이갈매기 서식지

야영지
각해수욕장 부근, 가막머리

가는 길
세종해운
삼목 → 장봉도 07:10~19:10 1시간 간격
장봉도 → 삼목 07:00~19:00 1시간 간격
한림해운(북도고속페리)
삼목 → 장봉도 08:40~20:40 2시간 간격
장봉도 → 삼목 09:30~21:20 2시간 간격

문의/안내
㈜세종해운 032-884-4155
장봉도 홈페이지 www.jangbongdo.com

옹진군 북도면의 트레킹 코스

1코스　장봉선착장-구름다리(멀곶잔교)-옹암해수욕장-장봉혜림원-장봉2리-한들해수욕장-진촌해수욕장-장봉선착장
2코스　장봉1리-말문고개-국사봉-봉화대-가막머리

네 섬의 전설

북도면 네 개의 유인도인 신도, 시도, 모도, 장봉도에는 이름에 얽힌 이야기들이 전해 내려온다. 섬 주민들이 정직하고 믿을 만하다 해서 신(信)도, 강화도 마니산에서 활 연습을 할 때 목표로 하였던 섬을 살도라 부르다 결국 활 시(矢)자를 따서 시도, 한 어부의 그물에 고기와 함께 띠(풀)가 걸려 있었는데 띠엄이라 불리다 한자음을 따서 모(茅)도, 그리고 장봉(長峰)도는 섬이 길고 봉우리가 많다 해서 얻은 이름이다.

옹암해변에서의 캠핑

장봉도에 도착해 먼저 찾아간 곳은 진촌해수욕장. 장봉선착장에서 7km 거리이다. 섬 안쪽 깊은 곳에 위치하고 있어 조용하면서도 오붓하게 시간을 보낼 수 있을 듯해 숙영지로 점찍었던 곳이다. 하지만 막상 도착해보니 해변을 두른 울창한 송림과 넓은 백사장은 마음에 들었지만 빈 시설들이 을씨년스럽고 더구나 식당들이 음식을 내거나 사용료를 받고 대여해줬음직한 큼지막한 나무데크와 평상들이 늘어서 있어 산만한 느낌이 들었다. 또한 해변이 전체적으로 서북쪽을 향하고 있어 바람이 강한 동계 캠핑에는 적당한 장소가 아니라 판단되었다.

　다음으로 옹암해수욕장을 찾아가보았다. 장봉선착장에서 얼마 떨어지지 않은 거리에 있어 진촌으로 가는 도중 먼저 보았던 곳이다. 장봉도 동쪽 해안에 있는 자연해수욕장으로 길이 약 800m 폭 50m로 경사가 완

만하고 해변 뒤편에는 수령 약 200~300년 된 노송이 둘러져 있다. 주변에서 슈퍼를 운영하는 주인에게 여쭈니 사유지 지역만 침범하지 않으면 텐트를 치는 것은 문제가 없다고 한다.

단 동파 방지를 위하여 화장실과 개수대가 잠겨 있는 상태라 간단한 식료품을 사며 협조를 받기로 하였다. 별도의 주차장이 있고 차량 진입이 되지 않아 30~50m 정도 짐을 옮겨야 했지만 솔밭에 들어서니 바닥이 단단해 모래가 날리지 않고 솔잎이 적당히 덮여 있어 텐트를 치기에는 안성맞춤이다.

서둘러 세팅을 마치고 아내와 함께 조금 늦은 점심을 먹었다. 처음 캠핑을 시작했을 때는 주5일 근무의 개념이 없던 시절이라 토요일 오후

2시쯤 퇴근해 아내와 아이들을 데리고 수도권에서 가까운 야영장으로 달렸으나, 도착했을 때는 이미 저녁이 다 되어 있었다. 여름은 낮이 길었지만 해가 짧은 계절에는 도착하고 세팅을 마치면 캄캄한 밤이 되기 일쑤였고 다음날 아침이 되면 다시 장비를 철수하기 바빴다. 그때에 비하면 요즘은 많이도 여유로워진 셈이다.

야외 전원공급 장치

전기가 공급되지 않는 야생 캠핑에서 큰 위안이 되는 것은 파워뱅크라는 야외 전원공급 장치이다. 이것을 이용해 DC12v 전원을 공급받아 랜턴이나 노트북 등 기타 전기 장치를 사용할 수 있는데, 주로 인터넷 쇼핑몰이나 자작 캠핑 관련 카페에서 완제품을 구입하거나 재료를 구입하여 직접 만들어 쓰기도 한다.

텐트 밖으로 나와 낙조를 기다리며 해변을 어슬렁거렸지만 빨갛게 바다를 향하던 태양은 어느 순간 소소한 흔적만을 남긴 채 자취를 감춰버렸다. 주변의 가게들도 이미 문을 닫은 시간, 밀물이 되어 제법 가까이 다가온 파도 소리와 간간이 차가 도로 위를 지나는 소리가 오히려 적막함을 더해준다.

장봉도 아달선착장

다음날 일찌감치 장비를 철수하고 길을 나섰다. 남향의 한들해변은 온종일 해가 들어 밝고 따스했다. 장소가 외진데다 규모가 크지 않아 좀더 조용하고 고독한 캠핑을 원한다면 이곳이 적소일 것이다. 이렇듯 겨울의 섬은 캠퍼들에게 고요하고 넉넉한 장소를 맘껏 제공한다.

아달선착장을 찾았다. 파란 하늘 저편으로는 영종도가 눈에 들어오고 머리를 들면 하늘 위로 인천공항으로 오가는 비행기들이 눈에 선명하다. 두세 개의 무인도가 한가로이 바다에 떠 있는 모습을 바라보고 있자니 방파제 아래 갯바위에서 할아버지 한 분이 굴이 가득한 그물자루를 들고 올라오셨다. 어르신께 차 한잔 끓여드리려 했지만 귀가 어두워 부르는 소리를 듣지 못하고 자전거를 타고 총총히 멀어져가신다.

선착장을 나와 멀곶잔교라 불리는 구름다리에서 사진 몇 컷을 담고 둘러보니 북쪽으로는 강화도가 보이고 다리 너머에 모도가 지척이다.

이미 신도, 시도, 모도는 연도교로 이어져 있으니 장봉도에도 다리가 놓여 연결이 된다면 네 개의 섬이 이어지는 명품 트레킹 코스가 생겨나지 않을까 하는 상상을 해보았다.

무의도

주소
인천광역시 중구 무의동

즐길 것
실미해수욕장(영화 〈실미도〉 촬영지), 하나개해수욕장 (드라마 〈천국의 계단〉 촬영지)

트레킹
국사봉, 호룡곡산, 소무의도

야영지
실미도유원지, 소무의도

가는 길
인천국제공항역 3층 7번 정류장에서 잠진도 선착장까지 버스 이용 (222번/2-1마을버스)
금-일, 공휴일 07:00~20:00 수시 운항
월-목 07:00~19:30 매 30분 간격 운항
* 평일 운항 시간은 자주 변동되니 직접 문의

문의/안내
무의도해운 032-751-3354~6
잠진도선착장 032-746-0077
인천종합관광안내소 032-832-3031
무의도 주민센터 032-752-3444

무의도 큰무리선착장

대무의도와 소무의도, 실미도 등 여러 부속 도서로 이루어져 있는 이곳을 주민들은 '큰무리섬'이라고 부른다. 선착장 앞 슈퍼에서 각종 식료품들과 제철이라는 자연산 굴 한 봉지(10,000원)를 사고 야영이 가능한 장소를 여쭈어보니 '당연히 실미도해수욕장'이라 하신다. 실미도해수욕장은 선착장에서 1.6km의 거리에 있으며 도보로 25분 정도 걸린다.

실미도유원지 매표소에서 입장료와 쓰레기 처리비 등을 내고 안쪽으로 들어가니 날씨만큼이나 군더더기 없는 청명한 해변이 나타났다. 관리 상태가 아주 양호하고 시야 또한 탁 트인 것이 아주 마음에 든다(실미도해수욕장은 무인도인 실미도가 아닌 무의도 서쪽 실미도유원지 내에 자리하고 있다).

적당한 자리를 골라 간편한 알파인 텐트를 설치한 후, 셸터로 쓰일 리빙셸에 매트를 깔고 몇 가지 장비를 내어놓으면 세팅은 완료된다.

큰무리섬

무의도는 면적 9.5km²로 섬의 형태가 장군복을 입고 춤을 추는 것 같아 무의도(舞衣島)라 부르는데 주위에 소무의도를 비롯 실미도·해리도·상엽도 등 부속 도서를 거느리고 있어 '큰무리섬'이라고 부르기도 한다. 영화 〈실미도〉와 드라마 〈천국의 계단〉의 촬영지가 이곳이며 실미도유원지가 조성되어 사계절 캠핑이 가능하다. 호령곡산, 국사봉을 잇는 트레킹 코스가 개발되어 있고 하나개, 큰무리 등의 해수욕장에 펜션 등 숙박시설이 잘 갖춰져 있어 등산객을 포함한 관광객들이 비교적 많이 찾는 섬이다. 게다가 소무의도에는 길이 2.48km의 '무의바다누리길'이 조성되어 섬 트레킹의 묘미도 즐길 수 있다.

국사봉 트레킹

국사봉은 야영지에서는 대략 3km 정도로 터덜거리며 산책할 만한 곳이다. 무의도의 섬 트레킹은 대개 큰무리선착장에서 시작해 소사나무 군락지, 실미재를 넘어 국사봉에 오르고 산림욕장을 지나 호룡곡산 봉우리까지 올랐다가 광명항으로 내려오는 종주 코스를 목표로 한다. 이어지는 산길이 소박하고 나긋한 것이 참으로 정겹다.

  국사봉 바로 아래 전망 데크에 올라 바다를 보았다. 보령 앞바다를 수없이 다니고야 섬의 모습과 놓인 자리를 보고도 그 이름을 부를 수 있게 된 것처럼 인천 앞바다 그리고 옹진군 몇몇 섬들이 머릿속 바다에 각자의 위치를 잡고 들어서기 시작한다. 고작 240m 높이에 불과하지만, 사방에서 칼칼한 바람이 몰려와 목덜미를 적시던 땀방울을 흔적도 없이 말려버렸다. 그곳에서는 영종도와 잠진도를 잇는 연도교 그리고 잠진도선착장, 뱃길, 큰무리선착장까지 우리가 무의도에 들어왔던 여정이 그림처럼 펼쳐졌다.

볼거리가 쏠쏠한 무의도

물이 빠져 드러난 바위와 바닷길에는 굴을 채취하는 사람들이 보인다. 굴이 나오는 시기는 10월부터 4월이지만 최고의 맛을 내는 계절은 11월 말 김장철이 아니라 이보다 훨씬 뒤인 1, 2월이라 한다. 김장철에 이른 굴은 몸통에 거무스름한 빛이 많지만, 1월에 들어서면서 추위에 탱탱하게 살이 올라 뽀얀 우윳빛을 띠는데, 이때의 굴이 가장 맛있고, 특히 느리게 자라는 자연산 굴은 일찍 먹는 게 손해라고 할 만큼 겨울 한복판을 넘어서면서 맛과 향이 더더욱 깊어진다고 한다.

하나개해수욕장은 실미도해수욕장에 비해 백사장이 무척 넓고 경사가 완만하며 식당, 숙박시설 등 주변 환경이 잘 가꾸어져 있다. 하나개는 '큰 갯벌'이라는 뜻이며 썰물 때면 백사장 바깥으로 갯벌이 넓게 드러난다. 해병대 병영체험 훈련장으로도 이용되고, 해수욕장 왼편에는 드라마의 세트장이, 바다 너머에는 자월도가 지척이다.

하나개를 빠져나와 남쪽 도로를 따라 내려가면 광명항이, 다리 건너로는 소무의도가 눈에 들어온다. 얼마 전까지는 광명항에서 배를 타고서야 이 작은 섬으로 들어갈 수 있었지만 두 섬을 잇는 해상인도교가 개통되어 도보로 접근 가능해졌다. 차량의 통행은 불가하다.

인천 앞바다 섬들의 공통점

인천 앞바다 섬들에는 몇 가지 공통점이 있다.

1. 섬의 관리가 비교적 잘되어 있었다.
2. 쉽게 산책할 수 있을 정도의 트레킹 코스를 가지고 있다.
3. 캠핑할 곳 한두 곳쯤은 쉽게 발견할 수 있다.
4. 볼거리도 남쪽 섬들 못지않게 풍부하다.

북적이지 않는 야영지를 만나려면 자연과 가까운 곳으로 멀리 떠나야 한다는 말에는 대부분 동의하지만 계절의 틈새를 잘 노려 찬찬히 둘러보면 서울 근교에도 멋진 캠핑을 즐길 곳은 얼마든지 있다. 강화, 인천, 옹진군 등에 떠 있는 수많은 섬들. 한적한 계절, 배낭이 되었든 차량에 장비를 싣고서든 일단 떠나볼 일이다.

주문도

주소
인천광역시 강화군 서도면

즐길 것
강화나들길 12코스,
서도중앙교회, 망둥이 낚시

야영지
대빈창해변

가는 길
외포리 → 주문도 09:10 16:10
주문도 → 외포리 07:00 14:00

문의/안내
삼보해운 032-932-6619
삼보해운 www.kangwha-sambo.co.kr

캠핑 TIP

배낭은 되도록 가볍게 패킹하는 것이 이상적이다. 늘 챙기는 가지만 사용 횟수가 적은 장비는 과감히 배제해야 한다. 일반적으로 배낭의 무게는 15kg을 넘지 않아야 하며 침낭, 매트 등 가벼운 것은 아래쪽에, 텐트 등 무거운 것은 위쪽에 패킹을 한다.

섬 캠핑을 떠나며 준비해야 할 것들

섬 캠핑을 떠나기 위해서는 고려해야 할 것들이 많다. 섬에 대한 최근 정보를 모아 야영하기에 좋은 곳을 고르고 간단한 식료품을 구할 곳은 있는지, 물은 어디에서 얻고 화장실은 또 어떻게 해결해야 할지 체크해야 한다. 되도록 자주 지도 앱을 검색하며 대략적인 섬 지형을 머릿속에 그려두어야 하며 트레킹, 명소 탐방 등 경험해보고 싶은 것들을 추려 계획해두어야 한다.

 금요일 밤을 보냈던 강화도 함허동천 야영장에서 외포리선착장까지는 대략 20km 정도, 차로 30분이 소요된다. 이곳에 도착하자마자 석모도행 여객선터미널이 보인다. 볼음도, 아차도 주문도행 배를 타려면 안쪽 길을 따라 300m 더 들어가야 하며 젓갈시장 바로 옆 대합실을 이용한다.

농업이 발달한 주문도

주문도는 강화도에서 직선거리로 불과 15km가 채 넘지 않지만 강화도와 석모도 사이의 해협을 내려와 민머루해안을 돌고 나서 볼음도와 아차도를 거쳐야만 도착하는, 가깝고도 먼 섬이다

 조선 후기 임경업 장군이 중국에 사신으로 갈 때 임금에게 하직하는 글을 올린 곳이라 하여 아뢸 주(奏) 글월 문(文)을 써서 그리 불렸다는 이야기가 전해져 내려오며 현재는 물 가운데 섬에서 글을 올렸다는 뜻의 '注文島'로 표기된다. 강화도 인근 대부분의 섬이 그렇듯이 주문도 역시

조수 간만의 차가 커서 고기잡이나 양식업이 발달하지 못하였으나 간척으로 인한 넓은 들녘 덕분에 주민들은 대부분 농업에 종사한다.

최고의 야영지 대빈창해수욕장

대빈창해수욕장은 주문도선착장에서 서쪽으로 대략 1.5km 거리에 있다. 해수욕장 뒤편에는 주위에 솔숲이 둘러진 축구장 크기의 천연 잔디밭이 펼쳐져 있다. 군데군데 풀이 많이 자라나고 지형이 고르지 않은 부분도 있지만 알파인 텐트 30여 동은 족히 들어갈 만한 천혜의 야영지이다. 물론 해수욕장 중앙에도 야영에 적당한 솔숲이 있고 여름에 한창 사용했을 법한 개수대와 화장실도 개방되어 있으니 기대보다 훨씬 훌륭한 캠핑 환경일 것이다.

강화나들 주문도길

망둥이가 많이 잡히는 철이라 앞장술해변의 바닷가에는 몸을 반쯤 담근 채 낚시 삼매경에 빠진 사람들의 모습이 눈에 띄고 해안을 따라 해당화 곱게 핀 언덕이 무척이나 평화롭다.

주문도는 강화나들길 12코스에 속한다. 섬 전체를 둘러 해변과 들녘을 따라 눈으로 즐기며 걷는 섬길은 총 13km이며 세 시간 남짓 걸린다. 한참을 걷다보면 이마에서 땀이 흘러내리고 얼굴은 발갛게 달아오르지만 계절과 조화를 이룬 섬 풍경은 정겹기만 하다.

뒷장술해변을 돌아 청명한 논길을 따라가다보면 머지않아 봉구산 기슭의 마을로 들어서게 된다. 주문1리는 섬에서 가장 큰 마을이다. 마을 초입에 있는 서도 중앙교회는 한옥으로 지어진 2층 건물로 분위기가 무척 고풍스럽다. 1923년 순수 교인들의 헌금으로 지어진 교회는 한국 고

유의 목조건물 형식을 바탕으로 건축되었다는 데 가치를 두고 인천문화재 14호로 지정되었다.

　한적한 마을 한 귀퉁이에서는 주민들 몇 명이 모여 망둥이 손질에 여념이 없고 볕 좋은 길바닥마다 널린 고추가 빨갛게 익어간다. 밭일하는 아낙들, 골목을 휘저으며 재잘대는 아이들이 눈에 들어온다. 그리고 동네 개들은 어찌나 짖어대는지.

주문상회

물이 빠지면 주문도의 갯벌은 끝을 가늠할 수가 없다. 10년 전 이 갯벌에서 셀 수 없이 많은 조개를 잡았던 적이 있어 바지를 걷고 들어가볼까 생각도 했었지만 그곳 위로 예쁘게 내리는 저녁 해가 좋아서 한참을 바라보고만 있었다. 주문도의 주민들은 대략 세 개의 마을에 나뉘어 거주하는데 선착장에서 가장 가까운 서도면사무소 주변, 중앙교회가 있는 주문1리 대빈창마을이다. 생필품을 구할 수 있는 곳은 주문1리 농협마트와 선착장 근처의 〈주문상회〉 두 곳밖에는 없고 농협마트는 주말에 운영하지 않는다.

　밤새 시원한 물과 맥주 한잔이 그리웠기 때문에 서둘러 텐트를 걷어 배낭에 넣고 주문상회를 찾아갔다. 여든이 훌쩍 넘은 할아버지가 운영하는 〈주문상회〉. 가게문이 열렸는데도 안에 계시지 않다면 십중팔구는 방파제에 앉아 망둥이 낚시에 빠져 계신 것이다.

풍도

주소
경기도 안산시 단원구 풍도동

즐길 것
야생화길 트레킹, 섬 탐방

야영지
북배, 몽돌해변

가는 길
인천항(09:00) → 대부도(10:30) →
풍도(홀숫날 12:30/짝숫날 12:00) →
대부도(14:00) → 인천항(15:00)

문의/안내
대부해운 인천지점 032-887-6669
한림해운 032-746-8020
경기문화보물섬 cafe.naver.com/pungdoproject3

캠핑 TIP

백패킹에서 쓰이는 프라이팬은 대부분 경량이며 손잡이가 분리되거나 접힌다. 그중에 볼이 깊은 프라이팬 하나만 있으면 즉석밥 데우기, 라면 끓이기, 찌개 끓이기, 고기 굽기 등 별도의 코펠을 챙겨 가지 않아도 될 만큼 다양하게 활용된다.

여름 막바지의 섬 캠핑

여름도 끝물이라지만 이른 아침 인천항 연안여객터미널의 대합실은 의외로 한가하다. 며칠간 흐린 날씨와 태풍이 올 거라는 소식 때문이 아닐까 싶었다. 풍도에 가기 위해 티켓팅을 하고 개찰구를 빠져나와 배 앞에 섰을 때, 너무도 초라한 여객선의 모습에 순간 멈칫했다.

배는 인천항에서 출발하는 여객선 중 가장 작고 낡은 '왕경호'. 좋지 않은 날씨에 2시간 30분이나 항해할 일이 걱정되었다. 1층에 10명 정도 들어가면 가득찰 것 같은 여객실이 하나, 지하 여객실은 마치 난민선과 같았다. 하지만 우려도 잠시, 배는 파도를 타고 들썩이며 잘도 달려갔다.

육도에 잠시 기항하여 풍도로 전해질 박스 몇 개를 실었다. 작은 섬 여섯 개가 붙어 있어 육도라 불리는 섬, 충청남도 보령에 있는 육도와는 또 다른 섬이다. 섬의 크기는 1시간 정도면 둘러볼 수 있을 정도로 작고 마을을 지나면 아담한 솔숲이 있어 야영도 가능하다고 한다.

산 위에서 불어오는 청량한 바람

육도를 지나 다시 풍도. 풍도 주변에는 갯벌이 없어 예전 주민들은 겨울이 되면 경기도 화성군 서신면의 도리도로 이주해 굴과 바지락을 채취했고 그때 학교, 교회, 가축까지 함께 옮겼다가 이듬해 설이 되기 전에 돌아오는 매우 독특한 생활방식을 가지고 있었다 한다. 마을은 선착장 주변으로만 형성되어 있으며 주민들의 대부분이 이곳에 거주한다.

 야영지에 대한 정보가 없어 선착장 갈림길에서 머뭇거리다 커다란 은행나무 아래 정자가 있다는 것을 생각해내고는 지나는 주민께 길을 물으니 마을 뒷산으로 가라고 한다. 실제로 몇 번 오르락거리고 나서야 그리

높지도 멀지도 않다는 것을 알았지만 초행자에게 눈에 보이지 않는 곳은 부담으로 다가오기 마련이다. 은행나무 정자에 도착하자마자 배낭을 던져놓고는 바닥에 누워버렸다. 산 위에서 불어오는 바람은 바닷가 습기를 머금은 것과 달리 너무나 청량해 마치 에어컨을 쐬는 것 같았다. 시원함에 취해 한 시간 남짓 꿀잠에 들었다.

봄에 화려하고 아름다운 섬

봄이 되고 꽃이 필 무렵의 풍도는 섬 전체가 하나의 화원이 된다. 그래서 봄에는 그 모습을 담으려는 사람들의 발길이 계절 내내 이어진다. '야생화 트레킹'은 은행나무 정자에서 시작하면 되는데 산길을 따라 걷다가 야생화 군락지를 거쳐 군부대를 지나면 풍도대극 군락지가 펼쳐지고 길은 다시 북배 쪽으로 이어진다.

　북배는 풍도 서쪽 해안의 암석 지형을 말하는 것으로 붉은 바위를 뜻하는 '붉바위'에서 유래했다. 붉은 바위와 푸른 바다, 밀물 때는 돌섬이 되었다가 썰물 때는 모섬과 이어지는 북배딴목, 이들의 조화가 만들어낸 기발한 풍광은 야생화에도 비견되는 풍도 명물이다.

풍도의 자갈해변

풍도에는 모래사장이 없다. 해수욕이 가능한 해변도 자갈로 이루어져 있어 여름철에 관광객이 상대적으로 많지 않다. 그러나 탁 트인 바다 풍경은 여유로운 느낌이 있다.

　의정부에서 왔다는 어르신께서 이곳에 과감히 텐트를 던지셨다. 물론 낚시가 목적이겠지만 날씨가 변화무쌍한데다 바닷가가 습해 걱정되었는데 아니나 다를까 돌아가는 길에 들으니 밤새 고생하셔서 한끼도 제대로 해 먹지 못하셨다고 한다.

풍도 등대는 인천과 평택, 당진항을 드나드는 인근 해역 여객선과 소형 어선의 안전항해를 위해 80년대 중반 만들어졌다. 등대로 오르는 나무계단 사이 피어난 가녀린 들꽃도 고왔지만 북동바다를 향한 조망이 워낙에 시원하여 잠시 난간에 기대어 서서 땀을 씻어보았다.

은행나무 정자에서 하룻밤

마을길을 오르다 마을 분들을 만나 오늘밤 정자에서 야영을 하려는데 괜찮을지 여쭤보았다. 마을에서 정자를 어찌 사용하는지 알 수 없으니 하루를 신세 지려면 그렇게나마 허락을 구해야 할 것 같았다. 그런데 모두들 밥은 먹었는지, 밤에 비가 많이 내린다는데 괜찮겠냐며 걱정을 해주셨다.

은행나무 정자에선 바다는 물론 멀리 육도까지의 전망이 훤하다.

이 나무는 가을이면 뱃길을 지나는 뱃사람들은 노랗게 물든 은행나무를 보고 풍도임을 알아챌 정도로 잘 알려진 나무라 한다. 암수 한 쌍인 이 나무는 현재는 열매를 맺지 않는다.

나무 아래에는 물맛 좋기로 소문난 샘이 있다. 은행나무가 근처의 수맥을 끌어당겨 이뤄놓은 것으로 아무리 가물어도 물이 끊이지 않을 정도로 수량이 풍부하단다.

저녁이 되니 시원한 맥주 한잔이 간절해 마을로 내려가 늘 자물쇠로 잠겨 있다는 미니슈퍼의 벨을 눌렀더니 주인이 나와 문을 열어주었다.

"시원한 맥주 두 병만 주세요."

"5,000원이유. 10시까지 하니까 필요한 거 있음 또 내려와요."

섬 백패킹의 새로운 명소

다음날 길어놓은 샘물로 깨끗이 세면을 하고 선착장으로 내려와 배를 기다리는 동안 마을에는 태풍 대비를 철저히 하라는 방송이 반복되었다.

그 이후 인천항에서 풍도를 오가던 왕경호가 새로 건조된 서해누리호로 바뀌고 또한 대부도 방아머리선착장을 경유하게 되면서 풍도를 찾는 사람들이 부쩍 증가했다. 또 풍광 좋은 숙영지로서 북배의 존재가 널리 알려지고 공중파 TV 프로그램에도 소개되면서 풍도는 섬 백패킹의 새로운 명소가 되었다.

보령
당진

외연도

주소
충청남도 보령시 오천면

즐길 것
섬 일주(트레킹 코스),
상록수림(천연기념물 136호),
봉화산, 망재산 등산

야영지
야영 허가 지역 (야영이 금지된 구역은 안내표지판이 설치돼 있다)

가는 길
대천역 → 대천연안여객선터미널
10분 간격으로 버스 운행
대천항 → 외연도
4~5월(주말), 6~9월(상시) 08:00 14:00
10월(주말) 08:00 13:00
11~3월(상시) 10월(평일) 10:00
* 조석 간만과 선박 사정에 의해 변경될 수 있으니 신한해운 홈페이지 참조

문의/안내
신한해운 041-934-8772~4
www.shinhanhewoon.com
보령시 관광안내소 041-932-2023
보령시 관광과 041-930-3520
오천면사무소 041-932-4301

캠핑 TIP

외연도는 늘 관광객들이 붐비는 섬이니 백패킹을 계획하였다면 배편 인터넷 예매를 서둘러야 한다. 또한 11월에서 2월까지는 내내 바람이 세고 파도가 높아 결항하는 일이 잦으니 수시로 날씨를 살펴야 한다. 전체적인 기상 현황은 대한민국 기상청, 서남해는 미국의 윈드그루, 동해는 일본 기상대의 예보를 참고하면 도움이 된다.

쾌속선의 명당 쟁탈전

외연도로 향하는 웨스턴프런티어호는 쾌속선의 특성상 영화관처럼 전면을 보고 나란히 앉는 좌석으로 되어 있다. 단 배의 2층 객실 맨 안쪽에는 테이블을 사이에 두고 마주앉을 수 있는 4인용 좌석이 양쪽으로 두 개가 있는데, 물론 최고의 명당이다. 그러므로 이 자리를 선점하기 위해서는 일단 개표선의 앞쪽에 줄을 섰다가 개찰구가 열리고 "외연도 들어가세요"라는 말을 듣자마자 표를 내고 무조건 뛰어야 한다.

돌삭금 데크에 텐트를 올리고

2시간 남짓 지나자 외연도에 도착했다. 선착장엔 민박집 주인들과 짐을 나르기 위한 리어카가 열을 지어 있다. 외연도는 성수기가 되기 전까지는 야영객들에 호의적이다.

처음 이곳을 찾았을 때는 섬 곳곳을 둘러볼 겨를이 없어 약수터 근처의 작은 데크 위에 텐트를 올렸다. 식수를 쉽게 구할 수 있었고 바다 조망이 뛰어났지만 오가는 사람들 때문에 신경이 쓰였다. 두번째 야영을 했던 봉화산 중턱 데크 쉼터는 오르내리기가 번거로웠지만 조용한 캠핑을 즐기기에 더없이 좋았다. 이곳에서 양쪽으로 이어진 산길을 조금만 더 오르면 각각의 봉우리에 서게 되는데 그곳에서 바라본 외연군도의 낙조와 마을 풍경은 가히 일품이었다.

이번에는 바닷가 쪽 돌삭금 위 쉼터에서 야영을 하기로 하였다. 해안 산책로를 따라가는 길엔 습하지 않은 바람 한줄기가 앞서 흘러간다. 설레는 것은 비단 사람의 마음만은 아닌 듯하다.
　돌삭금과 속이 훤히 들여다보이는 옥빛 바다를 앞에 둔 이곳 쉼터는 데크 위에 일정한 간격을 두고 난간을 세워 총 6개의 사이트를 구성하여 놓았다. 사용 흔적이 역력한 천막과 대나무 기둥이 뉘어 있는 것으로 보아 성수기에는 이곳에 간이 천막을 설치하고 바다를 찾은 관광객들이 휴식과 해수욕을 즐길 수 있도록 편의를 제공했던 것 같다.
　텐트와 장비 세팅을 하는 동안 아내는 대천항에서 5,000원을 주고 사온 간이 민낚싯대에 갯지렁이를 달아달라 하더니 혼자 갯바위로 내려갔다. 그리고 설영을 마칠 때 즈음 놀래미 두 마리와 우럭 한 마리를 잡아왔다. 낚은 고기들로 매운탕을 끓여내 소소한 만찬을 꾸리니 한 주의 피로가 한 꺼풀씩 씻긴다. 고추장만으로 간을 한 매운탕에서 유명 횟집의 얼큰한 국물맛이 느껴질 정도다.

고난의 상록수림

산책길에는 바다 지형이 그려진 투명한 안내판이 있는데 그곳엔 각 길마다 이름과 유래가 설명되어 있다. 큰명금, 작은명금, 고래바위, 노랑배 등 각각의 생김새를 따서 지은 이름이다. 특히 '명금'이라는 단어는 햇빛에 반짝이는 몽돌이 금처럼 보인다고 해 붙여졌는데 이름도 예쁘지만 그리 바라보고 불렀던 시선이 더 아름답게 느껴졌다.

마을 뒤편 능선의 상록수림은 마을을 지켜주는 서낭림으로 천연기념물 136호로 지정되어 있다. 이 숲에는 동백은 물론 후박나무, 팽나무, 상수리나무, 보리밥나무 등 다양한 수종들이 빽빽이 들어서 있는데 산책하다가 쉼터에 기대앉거나 잠시 등을 깔고 누우면 피톤치드가 숲속 가득 뿌려지는 듯 그 상쾌함에 머리가 맑아지는 것만 같다.

이곳은 2010년 9월 태풍 곤파스에 의해 심각하게 훼손되었다. 아직도 뿌리째 뽑혀나간 팽나무와 동백나무의 흔적이 곳곳에 남아 있지만 상당부분 복구되어 건강을 찾고 있는데 그중 여전히 회복되지 않은 동백나무

연리지가 눈에 띄었다. 군데군데 껍질이 벗겨진 모습으로 보아 혹 고사되어가는 건 아닌지 걱정이었다.

5월의 외연도

봉화산 둘레로는 노랑배전망대에서 선착장 근처 소공원까지 이어지는 트레킹 코스가 놓여 있다. 오래전 주민들이 나무를 하러 다니던 섬길을 보완한 뒤 곳곳에 데크로드와 계단, 난간 등을 만들어 숲과 바다를 고루 즐길 수 있도록 한 것이다. 트레킹 코스가 완공되기 전에 섬을 찾았을 때는 홀로 이 길을 탐방하다가 길을 잃었고 산허리 전체를 감아돈 가시넝쿨에 갇혀 온몸을 찔리고 발목까지 접질렸던 웃지 못할 기억이 있다.

외연도에는 쑥과 달래가 지천이다. 지나는 길옆 풀밭을 살펴보면 자줏빛 꽃망울을 가진 대롱 모양의 달래를 찾을 수 있다. 달래는 땅속에 박힌 동그란 비늘줄기가 끊어지지 않도록 조심스레 캐야 하며 너무 자라고 억세진 것은 먹지 않는다고 한다.

사이트로 돌아와 신발을 신은 채로 들어가본 5월의 외연도 바다는 무척 차가웠다. 새벽부터 시작된 여정이라 노곤했지만 남은 밤이 아쉬워 선뜻 텐트에 들지 못했다. 엷은 구름이 걷히며 펼쳐진 바다 위 광활한 밤하늘엔 수많은 별들이 쏟아져내렸다.

그해 가을

외연도의 가을 색을 보기 위해 캠핑하는 벗들과 함께 다시금 섬을 찾았다. 여름, 무수히 반복되었던 태풍 끝에 외연도의 상징이었던 연리지는 자취조차 찾아볼 수 없었다. 태풍 곤파스를 딛고 일어났던 나무가 또다시 닥쳐온 세찬 바람을 견디지 못해 부서져 날아가버린 것이다.

외연도는 바람이 강하기로 유명한 섬이다. 탐방객이 지금처럼 많이 찾기 전에는 겨울이 되면 주민들 대부분이 육지로 건너가 추운 계절을 보내고 돌아올 정도였다. 아니나 다를까 이번에도 갑작스레 내려진 풍랑주의보, 사흘을 갇히고도 날씨가 나아질 기미가 보이지 않아 결국 사선을 빌려 외연도를 빠져나올 수 있었다.

녹도

주소
충청남도 보령시 오천면

즐길 것
해안 산책, 갯벌체험, 바다낚시

야영지
청파초등학교 녹도분교(폐교)
여객선 선착장 부근

가는 길
대천역 → 대천연안여객선터미널
10분 간격으로 버스 운행
대천항 → 외연도
4~5월(주말), 6~9월(상시) 08:00 14:00
10월(주말) 08:00 13:00
11~3월(상시) 10월(평일) 10:00
* 조석 간만과 선박 사정에 의해 변경될 수 있으니 신한해운 홈페이지 참조

문의/안내
신한해운 041-934-8772~4
www.shinhanhewoon.com
보령시 관광안내소 041-932-2023
보령시 관광과 041-930-3520
오천면사무소 041-932-4301

사슴을 닮은 섬

원래는 외연도로 가려고 탄 배였다. 그러나 걷히지 않는 안개와 높은 파도 때문에 여객선은 녹도까지만 운항 후 회항한다고 했다.

어쩔 수 없이 닿았으나 돌아갈 때는 이 섬이 나를 부른 것이라 생각하기로 했다. 바다에서 바라보면 사슴이 엎드려 서쪽을 바라보는 모습이라 하여 붙여진 이름, 녹도. 나는 이 사슴 모양의 섬에 아내와 함께 머물렀다.

녹도에 머물다

녹도까지 가는 동안 강하게 흔들리는 선체 탓에 아내는 심한 뱃멀미를 했다. 마을과 선착장 사이의 녹도 보건소 뒤에 매트를 깔고 아내의 상태가 정상으로 돌아오기를 기다렸다. 바닥에 누워 의미 없는 시간을 보낼 때까지만 해도 안개에 휘감긴 녹도는 우리에겐 그저 그런 섬에 지나지 않았다. 수없이 대천항을 들락거리고도 관심 한번 두지 않았던 섬. 면적이 1km²조차 되지 않는 조그만 섬이라 지도를 아무리 살펴보아도 설영을 할 만한 해변은 물론 자투리땅조차 찾아보기 어려웠다. 물을 얻기 위해 두리번거리다 만난 한 아주머니께서 우리가 측은해 보였는지 이것저것을 물어오다가 아드님의 차로 우리를 근처 폐교까지 데려다주겠다고 했다. 그러면서 해삼 대여섯 마리를 비닐봉지에 담아 선뜻 내어주셨다. 이곳 녹도의 섬 주위로 둘러 있는 전복, 해삼, 홍합 양식장은 주민들의 주요 소득원이다.

풀과 잔디가 듬성한 폐교의 작은 운동장에는 알파인 텐트 다섯 동 정도는 무난히 설영이 가능해 보였다.

바다의 보물 창고

녹도의 최고점은 해발 100m 정도인데 섬이 대부분 산지로 되어 있어 마을은 산허리를 타고 조성돼 있다. 그래서 맑은 날 밤, 마을의 가로등과 전등이 켜지면 멀리서 바라보이는 섬은 동화 속의 성처럼 환상적이라고 한다. 어느 섬에서든 야영하고 있으면 왜 그곳에 텐트를 치느냐고 타박하지 않는다. 오히려 춥지 않겠느냐 불편하지 않겠느냐는 걱정만이 온다.

마을을 벗어나 선착장 방향 중간 지점에서 산길을 따라 20여 분 오르내리면 길은 섬의 뒤편으로 이어진다. 섬의 뒤편은 거칠지만 꾸밈없는 자연 그대로의 모습이 고스란히 남아 있다. 바다를 응시하는 낚시꾼들과 해안에 둘러앉아 술잔을 기울이는 사람들도 눈에 띈다.

이 작은 몽돌해변은 그야말로 바다의 보물 창고이다. 검은 바위가 있어 가까이 가봤더니 온통 자연산 홍합이 뿌리를 내리고 지천으로 널려 있는 고동, 간간히 박하 게와 해삼도 눈에 띈다(섬에서 해삼, 홍합, 전복 등을 채취하는 것은 원칙적으로 금지되어 있다).

녹도 사람들

80년대만 해도 녹도는 보령수협을 장악하고 있다고 할 만큼 꽤 잘나가던 부자 섬이었다. 주민들의 주머니가 두둑해지니 마을에는 술집이 넘쳐났고 지금은 폐교가 된 이 학교도 한때는 학생 수가 300명에 달했다고 한다. 그러나 섬이 지나치게 흥청거리자 결국 술집을 모두 없애버렸고 술을 파는 가게조차 발을 붙이지 못하게 하였다. 그런 연유로 세월이 지난 지금껏 녹도는 슈퍼는 물론 식당 하나 없고, 젊은 사람들이 하나둘 떠나면서 아이라고는 찾아볼 수 없는 섬으로 남게 되었다.

소주 한 병이 간절해 무작정 마을로 나아갔다가 작은 잔치가 열리는 집을 발견했다. 이곳에서 태어나 외지에 사는 형제들이 모처럼의 연휴에 고향을 방문하여 부모님과 친척들을 모시고 조촐히 즐기는 자리였다. 실례를 무릅쓰고 술 한 병을 간청했다가 그들에게서 잔치 음식까지 푸짐히 얻고 보니 지난 하루는 줄곧 섬 주민들에게 신세만 진 듯하다.

다음날 아침은 동네 어르신 댁에서 설거지도 하고 물을 길어 세면도 말끔히 하였다. 작별 인사를 나누고 선착장까지 걸어 내려오는 길에 보리수 열매와 이름 모를 야생화가 즐비한 모습이 보였다. 마음이 조급했던 어제는 미처 눈에 들어오지 않았던 풍경이다.

배를 타고 돌아가야 하는 아내가 걱정되어 마을 어르신께 멀미약을 부탁했는데 마을까지 자전거를 타고 가서는 어렵사리 구해다주는 정성까지. 섬에 내리고 떠나는 이 순간까지 녹도는 우리에게 어느 한순간도 소홀하지 않았다. 배에 오르고 섬이 멀어질 때까지 쉽사리 갑판을 뜨지 못했다. 불시착한 섬. 이곳에서 우리는 사슴을 품은 자연과 사슴을 닮은 마음들을 만났다.

고대도

주소
충청남도 보령시 오천면

즐길 것
당산해수욕장, 선바위,
바다낚시, 갯벌체험

야영지
선바위 부근 몽돌해변

가는 길
4월~9월
대천항 → 고대도 07:30 13:00 16:00
고대도 → 대천항 08:35 14:20 16:50
10월~3월
대천항 → 고대도 07:30 12:20 15:00(15:30)
고대도 → 대천항 08:50 13:40 15:55(16:25)

문의/안내
신한해운 041-934-8772~4
보령시 관광안내소 041-932-2023
오천면사무소 041-932-4301

평화로운 섬

고대도는 충청남도 보령시의 작은 섬마을이다. 고즈넉하고 한적해서 하루 산책을 하고 수평선 너머로 지는 노을과 한가로이 날아다니는 갈매기 떼를 보고 있으면 온갖 묵은 때가 씻겨내려갈 것 같은 청량한 기분이 든다.

이곳은 일찍부터 사람들이 정착해 살아 고대도라 이름 붙여졌다. 그 때문인지 오랫동안 사람들이 군락을 이루며 살아온 곳 특유의 분위기가 있다. 휴식을 취하러 온 관광객들까지도 그곳의 주민이 된 듯한 안정감과 평화로움이 이 섬에는 있다.

대천연안여객선터미널의 분위기

대천연안여객선터미널에서 여객선을 타고 떠날 수 있는 섬은 원산도, 효자도, 안면도, 삽시도, 장고도, 고대도, 호도, 녹도, 외연도로 총 아홉 곳이다. 그중 내가 유일하게 텐트를 펼치지 못한 곳이 바로 고대도였다.

대천연안여객선터미널에 도착한 것은 이른 아침이었지만 이미 대합실은 인산인해를 이루고 있다. 표를 구하지 못한 사람들이 대부분이었다. 섬에 꽃이 피기 시작하는 계절이 되면 관광객이 많아지기 때문에 미리 예매를 하지 않으면 낭패를 보기 십상이다.

7시 20분에 출발하는 원산고속페리호가 원산도를 향해 서둘러 출항하고 나면 10분 후, 신한고속페리호가 출발할 차례이다. 마침 날씨도 좋아, 여객선은 가족이나 단체 나들이에 나선 이들로 분위기가 한껏 부풀어 왁자지껄하다. 홀로 배낭을 짊어진 캠퍼는 이 순간에 더욱 외로움을 느끼고 만다.

삽시도와 장고도에서 승객 대부분이 내리고 여객선은 출발한 지 1시간 30분이 지나서야 고대도에 닿았다.

자갈해변에서의 캠핑

할머니 댁을 찾아온 아이들의 재잘거림이 섬의 정적을 깨운 듯하였다.

　마을을 가로지른 고개를 넘어 제일 먼저 찾아간 당산해수욕장은 수백 년 된 붉은 소나무 군락을 배경으로 작고 아늑한 백사장이 옴폭 안겨 제법 훌륭한 경치를 자랑하는 곳이다. 게다가 해변의 방향이 서쪽이라 멋진 낙조를 기대해볼 수 있었지만 위쪽 끝부분까지 바닷물이 들어왔던 흔적이 있고 때마침 사리까지 겹쳐 숙영지로 삼기에는 아쉬움이 있었다. 뒤돌아 다시 마을 방향으로 내려오니 앞장벌이라 불리는 갯벌에 낙지, 소라, 조개 등을 채취하는 주민들의 모습이 분주하다. 그 모습을 보며 남쪽 해안을 따라 한참을 걷고서야 설영이 가능함직한 자갈해변을 만났다. 바닷가 위쪽 제법 평편한 곳의 자갈을 걷어내니 텐트 한 동과 타프를 설치할 작은 공간이 만들어졌다. 배낭에서 장비를 꺼내 설영을 마치니 비로소 섬의 풍경이 서서히 눈에 들어오기 시작했다.

산책하기 좋은 작은 섬

어촌계공동작업장 수도에서 물주머니를 가득 채우고 그 뒤편에 채 90m 가 되지 않는 높이의 봉화재의 조붓한 탐방로를 따라 오르니 때 이른 봄 향기가 물씬하고 노란 민들레 꽃잎 위로 돋아난 뽀얀 갓털이 탐스럽다.

마을로 들어서는 길은 곳곳에 던지듯 걸어놓고 널어놓은 생선들이 지천이었다. 고대도는 총 50가구밖에 살지 않는 작은 섬이다. 더구나 젊은 사람들은 모두 섬을 떠났고 남은 주민은 모두 나이든 분들이다. 섬이 작으니 차가 들어올 것도 없다. 어느 곳이든 걸어다니기에 멀지 않으며 자전거나 경운기 정도가 최고의 교통수단이다.

갑작스레 초대받은 섬마을 집안 행사

타프 아래 앉아 다가오고 멀어지는 바다를 마냥 바라보다 아득해지는데 마침 누군가 해변을 지나는 기척에 졸음이 깨어 그에게 소주 한잔 하겠느냐고 청해보았다. 그는 흔쾌히 내게 와 앉았다. 서울에서 살다 은퇴하고 가끔 고향 고대도에 내려와 머물며 낚시를 즐긴다는 김경태씨는 보름째 이곳 선바위에서 낚싯대를 던지고 있는 중이며 며칠 전에는 110cm 길이의 농어를 잡았다고 자랑이다. 선바위는 이 자갈해변 끝에 우뚝 솟아 있으며 고기잡이 어부들이 나가며 하루의 무사함을 비는 장승 같은 바위다. 돛단여라고도 부르는 이 바위에서 김경태씨는 커다란 농어 한 마리를 잡아올린 후 마을로 가서 함께 나눠먹자 하였다.

마침 김경태씨의 작은아버지 댁에 집안 행사가 있어 한차례 거나하게 무르고 난 다음임에도 낯선 관광객을 반갑게 맞아주었다. 걸쭉한 충청도 사투리에 구수한 입담, 농어회와 함께 잔치 음식으로 마련해두었던 육개장, 편육, 게장, 파김치와 싱싱한 야채들을 안주로 술자리를 함께 하다보니 어느새 날은 저물어갔다.

바다와 산다는 것

 저녁이 되자 남은 것은 바다와 나, 둘뿐이다. 숨이 막히도록 아름다운 순간이다. 바닷물은 시나브로 텐트와 가까워지고 바다와 나는 가만히 서로를 마주보고 있다.
 파도가 다가오다 돌아가고 다가오다 돌아간다. 그러면서 조금씩 좁혀지는 거리, 건너편 삽시도의 반짝이는 불빛을 보고 있노라니 어느덧 바닷물이 타프 아래까지 밀려들었다. 딱 거기까지였다. 사리의 끝은 바로 눈앞에서 멈추고 또 천천히 멀어져간다. 잠시 바다와 살고 있다는 기분을 느낀다. 하루 새 이곳의 풍경이 익숙해진다.

장고도

주소
충청남도 보령시 오천면

즐길 것
명장섬, 당너머해수욕장,
등바루놀이

야영지
명장섬해수욕장,
당너머해수욕장

가는 길
4월~9월
대천항 → 장고도 07:30 13:00 16:00
장고도 → 대천항 08:30 14:05 17:05
10월~3월
대천항 → 장고도 07:30 12:20 15:00(15:30)
장고도 → 대천항 08:35 13:25 16:10(16:40)

문의/안내
신한해운 041-934-8772~4
보령시 관광안내소 041-932-2023
오천면사무소 041-932-4301

캠핑 TIP

육지와 연결되지 않은 고립된 특성으로 섬에는 도둑이 없다. 따라서 텐트와 장비를 놔두고 편안한 몸으로 탐방과 트레킹을 즐겨도 문제될 것이 없다.

배가 뜨기를 바라며

대천연안여객선터미널, 여전히 눈은 내렸고 세상은 하얗게 변해 있었다. 논의 끝에 목적지를 장고도로 정하고 대합실로 들어가 티켓팅을 하려는데 매표하는 직원의 말 한마디가 뒷덜미를 잡는다.

"오늘 배는 뜨는데요, 내일 돌아오는 배는 어떻게 될지 몰라요."
"그럼 내일 배는 못 뜰 수도 있다는 말씀인가요?"
"말씀드리기 어렵네요. 주의보가 뜨면 배가 안 뜨는 경우가 많아서."
옆에서 듣던 아저씨가 거들었다.
"나 장고도 사는디유, 내일 배 거의 안 뜬다고 봐야디야."
우리 일행은 멍하니 서로의 얼굴을 바라볼 뿐, 누구도 먼저 입을 열거

나 결정을 내리지 못했다.

그때 줄 뒤에 서 계시던 아주머니 한 분이 용기를 주셨다.

"에구 뭐 설도 다가오는데, 웬만하믄 뜨것지 뭘."

그 말은 우리에게 크나큰 위안이 되었다.

"표 주세요."

야영지를 찾아서

차량을 가지고 들어왔던 터라 작은 섬의 이곳저곳을 헤매보지만 야영하기에 마땅한 곳이 없다. 선착장이 있는 남쪽 바다는 그나마 잔잔한 편이지만 텐트 하나 펼칠 공간이 없고 두 개의 해수욕장이 있는 북쪽 바다는 바람도 몹시 거칠고 파도도 높아 한겨울 야영 장소로는 적합지 않아 보였다. 섬까지 들어와서 바다가 보이지 않는 산속에 텐트를 치자니 그것도 좀 아쉽다. 섬을 두어 바퀴 돌다가 명장섬해수욕장과 나란히 난 길을 따라 들어가니 민박촌이 보였다.

하지만 한여름 북적였을 흔적만 남아 이미 폐장된 지 오래인 듯했고 그곳을 지키는 것은 쌩한 바닷바람뿐이다. 민박집 자갈마당에 텐트를 치면 괜찮을 것 같다는 생각이 들면서도 사유지라 고민하고 있는 순간 입구로 차 한 대가 들어왔다. 배에서 만났던 분임을 알아보고 인사를 건네자 그가 바로 이 민박집의 사장님이라 한다.

덕분에 무료로 그곳에서의 캠핑을 허락받고 추운 겨울 낮과 밤을 보내기에 전혀 부족하지 않은 구조로 세팅에 들어간다. 리빙쉘에 로우코트 3개를 ㄷ자 모양으로 배열한 다음에는 가운데 사이드테이블 2개와 BBQ 체어를 놓아 식사 공간을 만들고 그리고 미스터히트 2구 히터로 난방을 마무리한다. 백패킹으로 오지 않은 것이 정말 다행이다.

명장섬에서 낚시를

썰물 때가 되자 물이 빠지면서 명장섬까지 연결되는 바닷길이 열리고 자동차가 다녀도 빠지지 않을 정도로 탄탄한 약 2km에 달하는 광활한 백사장이 펼쳐진다. 암초가 잘 발달되어 있다는 명장섬 주위로 다가가 낚싯대를 드리웠다. 이미 대천항에서 사 온 회 한 접시를 비웠으니 크게 바랄 것도 아쉬울 것도 없다. 하지만 별다른 수확이 없이 수평선으로 다가가던 태양은 붉은빛을 잃어가고 기대했던 명장섬 낙조는 허망하게 사라져갔다.

돌방의 용도

등바루놀이는 장고도에서 전승되어 내려오는 민속놀이로 섬 처녀들에게 어물을 채취하는 기술을 익히게 하여 성인의 자격을 주려 했던 일종의 성년식 성격이다. 그리고 돌방은 놀이 때 처녀들이 머물러 치장도 하고 식사도 하였던 장소라 전해진다. 민박집 마당 한구석에도 땅을 깊게

파고 주위에 돌을 쌓아 만든 돌방이 있었다. 처음에는 무심히 보고 넘겼는데 밤이 되고 날이 험악해지자 바로 쓰임새가 떠올랐다. 돌방 안에 들어가 모닥불을 피우고 모여 앉으니 천혜의 요새라도 되는 듯, 바람 한 점 우리를 건드리지 못했다.

눈발이 날리기 시작하자 운치까지 더해졌다. 비록 섬의 구석구석을 살펴보고 그것을 마음에 담지는 못했지만 돌방에서 보고 느낀 것만으로도 1박 2일을 채우기엔 충분했을 겨울 캠핑의 매력에 흠씬 빠져보았다.

오늘도 여객선은 출항합니다

아침이 되자 여객선의 출항 여부가 걱정이다. 다행히 첫 배가 출항했음을 확인하고 우리가 타고 갈 1시 25분 배 역시 정상 운항하리란 생각에 안도하였다. 머물렀던 곳을 흔적 없이 철수하고 섬 주변을 돌아보기로 했다. 아침식사는 당너머해수욕장에서, 새로 구입한 휘발유 버너 위에 누룽지를 올리니 화력이 강하게 피어올랐다.

섬에서 한평생을 사셨다는 할아버지 한 분을 만났다. 그 깊은 주름 속에는 과거 부자 섬으로 떵떵거렸던 젊은 장고도, 아이들을 육지로 떠나보내고는 그리움을 채워갔을 장년의 장고도, 이제는 몸도 마음도 섬이 되어 저물어가는 노년의 장고도가 자리하고 있었다. 이 섬 저 섬을 기웃거리며 굽이굽이 뭍으로 향하는 배, 꼭 한여름이 아니더라도 조금만 따뜻해진다면 이러한 한적함은 찾을 수 없을지도 모른다. 그러고 보면 겨울은 캠핑하기엔 꽤나 자유로운 계절이다. 혹독한 추위에 내버려둔 어느 땅에서든 텐트를 던지지 못할 곳은 없으니.

대난지도

주소
충청남도 당진시 석문면

즐길 것
해수욕장 선착장 낚시,
해안등산로 트레킹 3km

야영지
난지해수욕장 야영장,
우측해변 솔밭 숲속

가는 길
도비도 → 대난지도
07:50 11:00(토,일) 11:30 13:00
15:00(토,일) 16:00(16:30)
대난지도 → 도비도
08:20 11:30(토,일) 12:00(해수욕장)
13:30 15:30(토,일) 16:30(17:30)
* 성수기, 계절별로 변동될 수 있으니 전화 문의 필수

문의/안내
청룡해운관광 유람선 041-352-6862
(출발 전 전화 문의 필수)
당진시청 문화관광과 041-350-3114
난지섬관광관리사무소 041-352-0844

이 섬은 섬에 난초와 지초가 많아 난지도라 불렸다고 하나 사실 난초와 지초는 자생하지 않는다고 한다. 풍도와 난지도 사이로 흐르는 물살이 몹시 빨라 고깃배가 다니기 어려웠다는 이유로 난지도(難知島)라 칭했다가 난지도(蘭芝島)로 변경했다는 또다른 설도 있다.

대난지도선착장에서 야영지인 난지해수욕장까지는 대략 3.5km 거리이다. 신작로를 따라 걷다가 삼봉초등학교 난지분교에서 잠시 쉬었다가 다시 작은 고개를 하나 넘으면 마을이 보인다. 그 마을을 지나면 난지해수욕장이다.

대난지도는 캠핑 제반시설이 잘 갖춰져 있는 섬이다. 지난여름 섬을 찾은 피서객들의 10명 중 8명이 이곳에서 캠핑을 즐겼을 정도이고 길이 2.5km 폭 500m의 넓고 아름다운 해변을 배경으로 곳곳에 깨끗한 화장실과 샤워장은 물론, 해수욕장의 우측 언덕 위편으로는 10여 개의 캠핑 데크까지 마련되어 있다. 이곳 해변은 특히 모래가 곱기로 유명하다.

철 지난 섬, 대난지도 사람들

섬에 도착해 늦은 아침식사를 마치고, 일행들이 무거운 눈꺼풀을 껌뻑이며 뒤로 누우려 하길래 솔깃한 제안으로 그들을 일으켰다.

"마을에 가서 시골스런 분위기에 걸쭉한 막걸리 한 사발 어때?"

사실 성수기가 지난 섬에서는 상대적으로 유통기간이 짧은 막걸리 구하기란 만만치 않다.

마침 지나는 화물차가 있어 재미 삼아 머리를 꾸벅이니 이내 차를 세우고 동승을 허락한다. 화물칸에서 만난 이는 풋풋한 모습의 젊은 연인이었다. 그들은 아침 배로 들어왔다가 나가기 위해 선착장으로 가는 길이라 했다. 배낭을 메고 스쳐지났던 섬의 모습을 하나하나 되새기며 마을 안으로 들어갔다.

마을에 상점이라고는 구판장 하나가 전부이다. 진열된 모든 물건들은 모두 각과 열을 맞춰 깨끗하게 정돈되어 있었는데 군 보급관 생활을 오래하셨던 주인어른의 습관 때문이라고 한다. 아직 배가 불렀지만 무언가를 팔아드리고 싶어 아주머님께 라면 한 그릇씩을 부탁했다.

굴이 듬뿍 들어간 라면에 듬성듬성 썬 잘 익은 김치까지. 국물까지 남김없이 먹고 말았다. 어느새 구판장을 찾은 마을 어르신도 합석해 소주 한 병을 열었다. 애틋한 시간 속에 마을도 어르신들도 그리고 철없는 이 방인도 얼큰히 젖어갔다.

다시 찾아올게요

낮에 위쪽 야영장에 가족과 함께 온 캠퍼 한 분과 잠시 찬을 나누었다. 낚시를 위해 난지도를 자주 찾는다는 그분께선 고기를 잡으면 무조건 가져다주겠노라 하였는데 어스름할 무렵 우럭 네 마리를 들고 나타났다.

"이것밖에 못 잡았어요. 제가 떠드리긴 어렵고요. 내장과 머리는 제거해드릴 테니 나머지는 알아서 하세요."

그 덕에 서툰 칼질로 난지도처음 떠본 생선회에서 비록 건진 살점이라고는 반 접시도 채 되질 않았다. 그리고 바다 건너 대산항의 불빛이 유난히 아름다웠던 난지도의 밤바다.

사실 이 섬에서 유명한 것에는 모래가 곱고 캠핑하기에 좋은 대난지도 해수욕장뿐만 아니라, 멸종위기종인 가시연꽃과 해당화도 있다. 특히 겨울철이면 새들의 먹잇감이 많은 갯벌이 있고, 주변에 무인도가 많아 철새들이 찾아온다. 더불어 새 떼가 날아가는 풍경을 촬영하려는 사진사들도 꽤 찾는다고 한다.

다시 찾은 대난지도

그리고 3년이 지난 가을, 다시 대난지도를 찾았다. 선착장에 앉아 도비도에서 바지락 캐기를 마치고 돌아오는 할머니들을 만났다. 고된 작업에 삭신이 천근만근이지만 그래도 요즘은 품삯으로 받아오는 배춧잎 몇 장에 사는 재미가 쏠쏠하시단다.

예전에 들렀던 구판장은 사라지고 어르신도 뭍으로 나가 사신다고 했다. 그때 먹었던 개운한 굴 라면과 아삭거리던 김치 그리고 어르신의 성격만큼이나 깔끔하게 정돈된 진열대가 그리워졌다. 3년 사이 변한 풍경 탓인지 섬은 사뭇 외롭다. 아이들이 빠져나간 신작로 옆 분교 터에 섰다. 낡은 시멘트 담벼락에 제멋대로 치대며 엉킨 담쟁이넝쿨 위에서 계절은 여전히 곱게 짙어가고 있었다.

영광
부안

낙월도

주소
전라남도 영광군 낙월면

즐길 것
상낙월 → 하낙월 트레킹,
큰갈마골, 작은갈마골,
하낙월해수욕장,
복바위, 농바위, 할미바위,
벼락바위 등 기암괴석

야영지
상낙월해수욕장

가는 길
향화도 → 낙월도
07:30 10:30 14:30(15:30)
낙월도 → 향화도
08:40 13:00 15:40(16:40) (1시간)

문의/안내
섬사랑12호 선장 010-3626-9449
낙월면사무소 061-350-5983
영광군 관광과 관광진흥 담당 061-350-5750
해광운수 061-283-9915

우연히 만난 섬

영광 송이도 캠핑 때 우연히 만난 마을 어르신과 대화를 나눈 적이 있다. 어르신께서는 그 마을에는 배가 하루에 한 번밖에 들어오지 않는다며 푸념하듯 말씀하셨다.

"남쪽으로 임자도 못미쳐서 두 개의 섬이 나란히 떠 있는데, 인구도 얼마 되지 않는 그 조그만 섬에 면사무소도 있고, 그 덕에 하루에도 배가 세 번이나 다니고……"

그의 말을 들으며 솔깃하였던 것은 배가 얼마나 다니는지가 아니라 오로지 섬의 존재, 그것이었다. 야영을 할 곳이 있겠냐고 물었더니, 조그만 해수욕장도 두어 개 있고 트레킹을 할 수 있는 코스도 잘 닦아놓았다고 하신다. 섬의 이름은 낙월도라 했다.

낙월도 가는 뱃길

낙월도에 가는 배는 아침 일찍부터 출항한다. 그래서 하루 일찍 영광군으로 가 읍내에서 하루를 묵고 낙월도행 여객선을 타기 위해 버스를 타고 향화도선착장을 찾았다. 낚시를 하거나 바지락 작업을 하는 사람들 사이에서 배를 기다리고 있자니 아침 바람은 신선했고 코끝이 알싸했다. 신해5호에 탑승하고 보니 낙월도로 가는 승객은 나를 포함 2명에 불과했다. 그동안 여러 여객선을 타보았지만 커피자판기와 전자레인지가 있는 객실은 처음이었다.

낙월도는 섬의 남쪽 바다에 위치한 신안군 임자도와 불과 6km 떨어져 있으며 행정구역상 영광군에 속해 있다. 이 두 개의 섬은 상낙월도와 하낙월도로 떨어져 있었지만 제방으로 연결되어 하나의 섬이 되었다.

멍텅구리 어선

예전에는 새우가 특산품이라 멍텅구리 어선이라 부르는 새우잡이 배가 근간을 이룬 섬이기도 했는데 돈을 벌기 위해 섬에 들어왔던 사람들이 고된 노역과 괴로움을 견디지 못해 부표를 타고 탈출을 감행하다가 파도나 풍랑에 휩쓸려 주검이 되어 떠밀려오곤 했다. 그리고 1987년 셀마 태풍 때는 어선 12척이 난파되면서 선원 54명이 한꺼번에 목숨을 잃는 일도 있었다. 거기다 멍텅구리 어선의 안전 문제와 선원에 대한 비인간적인 처우 등이 심각한 수준에 이르자 결국 정부는 어업구조 조정사업에 나서게 되었고 한때 배 한 척으로 주민 100명을 먹여 살렸다는 멍텅구리 어선의 선주들은 폐선하는 조건으로 적지 않은 돈을 보상받고 모두 섬을 떠나고 말았다.

상낙월도해수욕장의 풍경

섬에 도착해 동쪽 해안을 따라 고개에 올라가 주변을 살피는데 숙영지로써는 더할 나위 없는 해변이 펼쳐져 있었다. 상낙월도(갈마골)해수욕장이다. 상낙월도해수욕장은 숙영하기에 최적의 조건을 가졌다. 시야가 탁 트여 있는데다 돔텐트 30여 동은 너끈히 들어설 듯한 너른 잔디밭, 뒤편 개수대에서는 수돗물이 콸콸 쏟아지고 적당한 크기의 테크까지, 편안한 것이 능사는 아니지만 캠퍼로서 완벽한 하루를 보낼 수 있을 것 같은 기분이 든다. 잊고 있었던 허기에 일단 배를 채우고 섬 나들이를 나섰다.

최고점이 91m에 불과한 탓인지 전망이 좋은 곳에는 어김없이 널찍한 데크가 펼쳐져 있다. 벗과 함께 왔다면 막걸리 두어 병 나눠 마시고 얼큰한 발걸음을 옮겨갔을 테지만 혼자서는 그저 걷는 것만으로도 절로 노래가 흥얼거려지는 섬길이다.

두 개의 섬을 잇는 트레킹 코스

상낙월에서 하낙월까지 두 개의 섬으로 이어지는 10km의 트레킹 코스는 대략 3시간 정도면 충분히 종주가 가능하다. 경사가 완만하고 탁 트인 시야에 보이는 경관이 수려하기 이를 데 없다. 서해에 있는 섬답게 조수 간만의 차로 해수면에 나타나는 모래톱, 크고 작은 동굴, 기암괴석과 팽나무숲을 볼 수 있다.

백제가 멸망하자 왕족들이 바다를 헤맨 끝에 도달한 곳이 이곳 진달이었으며, 이후 진달의 한자 표기와 함께 육지에서 바라본 섬의 모습이 지는 달과 흡사하다 하여 붙여진 이름 낙월도.

해 질 무렵까지 하염없이 걷다보면 문득 낙월도야말로 캠핑과 트레킹을 고루 즐길 수 있는 최적의 섬이 아닐까 생각하게 된다.

풍랑주의보와 악몽

해가 지자 산책을 끝내고 해변에 덩그러니 남겨놓은 텐트로 돌아갔다. 섬을 찾아왔을 때만 얻을 수 있었던 무념의 시간, 어둠이 짙어가면서 텐트에 바람이 부딪쳐 타닥이는 소리, 그리고 스킨의 들썩임만으로도 바람의 강도는 가늠해보겠지만 앞으로 닥쳐올 날씨의 변화까지는 자신할 수 없었다.

점점 바람이 거칠어지는 것 같더니 10시가 채 넘지 않은 시간, 육지 곳곳에 강풍주의보가, 서해5도는 풍랑주의보가 발효되었다. 인천 경기 앞바다 서해 중부 먼바다 그리고 앞바다, 한 시간마다 울려대는 기상청 특보에 마음은 죄어오고 섬에 갇혔던 두어 번의 경험을 떠올리며 이번에도 갇힐지 모른다는 막막함이 엄습해온다. 이윽고 새벽. 혹시나 하는 마음으로 신해5호 선장님께 전화를 걸었다. 첫번째 전화에는 반응이 없다가 다시 한 번 전화를 걸자 응답이 왔다.

"선장님이시죠? 여기 상낙월도인데요. 아침에 배 뜨나요?"

대답을 기다리는 시간이 파도 철썩이는 소리보다 더디게 흘러간다.

"배는 가는데요, 향화도로는 못 나오고 신안 지도 쪽으로 나올 겁니다."

모든 걱정이 한꺼번에 사라져서 오히려 허탈할 지경이다. '신안 지도'라면 임자도와 증도를 탐방할 때 몇 번 방문해본 경험이 있는 낯익은 곳, 섬을 나갈 수만 있다면 어딘들 어떠하겠는가.

그후 낙월도의 좋은 캠핑 환경이 알려지면서 여름 성수기뿐만 아니라 섬을 찾는 백패커들이 부쩍 많아졌다. 나 또한 동료들과 함께 다시 한번 낙월도를 다녀왔는데 그사이 배 운항 시간도 달라지고, 선박은 신해5호에서 섬사랑12호로 교체되었다. 그리고 낙월도는 여전히 훌륭한 바다와 풍광으로 나를 맞이해주었다.

송이도

주소
전라남도 영광군 낙월면

즐길 것
낚시, 왕소사나무 군락, 갯벌체험

야영지
송이도해변 야영장

가는 길
영광 계마항 → 송이도
06:30~12:30 하루 1회
송이도 → 계마항
12:00~15:00 하루 1회
(1시간 30분)
* 하루 1회 운항하므로 선박에 전화 후 확인

문의/안내
신해9호 항해사 010-9254-5582
신해9호 사무장 010-9627-7558
송각어촌계 061-353-6690

캠핑 조건
송이도 야영장에 알파인 텐트 20여 동 설치 가능
야영장 부근 공중화장실과 수도 사용 가능
마을 인근 슈퍼 2~3곳, 간단한 식료품 구입 가능

송이도의 근사한 야영장

선착장에서 500m 정도 해안을 따라 들어가면 여름 휴가철 야영장으로 사용했던 시설들이 고스란히 남아 있다. 커다란 나무 아래 알파인 텐트 네다섯 동은 능히 들어갈 널찍한 데크, 바다를 바로 앞에 펼쳐놓고 개수대까지 거느린 최고의 명당 자리에는 이미 텐트 한 동이 세팅되고 있었다. 하지만 바로 옆 자갈밭 위로도 적당한 크기의 데크들이 늘어서 있어 텐트를 피칭하기에는 문제가 없었다. 휴가철 야영장을 관리하시던 마을 어르신께 들어보니 한시적으로 텐트 한 동당 야영비 30,000원씩을 받았으며 올여름에만 3천여 명의 피서객이 다녀갔다고 한다.

팽나무 뒤 이장님 댁을 찾아가 인사드리니 반갑게 맞아주신다.

"밤에 안 춥것소? 선착장 쪽에 우럭들 많이 잡던데. 나도 한 마리 얻어왔당께. 허허."

섬에 들어오면 만나는 사람마다 먼저 인사를 건넨다. 섬 주민들에게 예를 갖추기 위해서이고 여행자로서 나의 위치와 얼굴을 알려 경계심을 풀게 하여 섬의 정보를 얻고, 만약의 경우 도움을 받기 위해서다.

우럭회를 먹을 수 있을까?

선착장 쪽으로 나가 낚싯대를 드리웠다. 일행 중 낚시를 좋아하는 광성의 표정이 사뭇 비장하다. 그러나 바라보는 일이 지루해질 때까지 광성의 낚싯대는 미동조차 없었다. 반면 여기저기서 섬 어르신들이 낚아올리는 크고 작은 우럭들. 어르신들은 바구니가 적당히 채워졌다 싶으면 사륜바이크에 올라 돌아가버리고 방파제는 점점 썰렁해져간다.

"낚싯대 한번 줘봐."

갯지렁이가 무서워 미끼 한 번 끼워본 적 없는 정우가 낚싯대를 빼앗듯 가져갔다. 그리고 20여 분 정도 지나자, 걸렸어! 하는 소리와 함께 큼지막한 우럭 한 마리가 수면 위로 솟아올랐다. 하지만 우럭 한 마리로 생선회와 매운탕은 어림도 없어 보인다.

방파제 한쪽에서 계속해서 뭔가를 잡아올리는 마을 주민의 곁으로 다가섰다. 양동이 속에는 대여섯 마리 정도 되는 먹음직스러운 우럭들이 보인다. 한두 마리 얻을 수 있을까 하는 마음에 말을 건네본다.

"어휴, 이걸 다 잡으셨어요? 솜씨가 보통이 아니세요."

"조금이지 뭐. 허허. 그쪽은 몇 마리 잡았는가?"

"달랑 한 마리요."

"통 하나 가져와보드라고."

마을 주민은 애써 잡은 우럭을 모두 건네주고 자리를 털고 일어나려 하였다. 그의 행동에 오히려 놀란 우리가 돈을 드리겠다고 하였지만 극구 사양하고는 마을로 들어가버렸다.

말없이 생선이 담긴 통을 들고 수돗가로 향하는 광성에게 고양이 한 마리가 졸졸 따라붙는다. 그리고 고양이에게 어떤 위로를 받았는지 모르겠지만 큼지막한 망둥이 한 마리를 던져주었다.

캠핑용 칼이 그토록 무딘 줄은 몰랐다. 듬성듬성 썰어지는 아니 뜯어지는 우럭회. 그나마 생선의 마리 수가 많으니 제법 접시도 풍성하고, 고추장과 고춧가루가 없어 지리로 끓여낸 우럭탕도 맛이 그만이다. 캠핑을 하며 이리 신선하고 근사한 바다 상으로 만찬을 즐긴 적이 있었는가 싶었다.

입장이 곤란해진 벌떡게 선장님

다음날, 갯일을 하시던 아주머니께 굴 한 사발 얻어 아무런 양념 없이 한 젓가락 집어 입에 넣자 갯 향과 바다 내음이 진하게 느껴진다.

그때 마침 야영장 앞을 지나던 주민이 있어 자세히 보니 어제 선착장에서 잡은 우럭들을 송두리째 주었던 바로 그분이다. 반갑고 고마운 마음에 소주를 드리고 김치찌개를 권했더니 훌훌 맛있게 드셨다.

"좀 있다가 배 타고 벌떡게 그물 걷어올 건데 선착장으로 나오면 두어 마리 줄 텡께. 여보, 이리 와서 따뜻한 국물 좀 해."

굴 바구니를 들고 갯벌에서 나오던 아주머니는 아무런 대꾸도 없이 선

 장님의 낡은 1톤 트럭 조수석에 바로 올라탔다. 아침부터 소주잔을 들고 있는 남편이 무척이나 못마땅한 표정이다.
 두어 시간쯤 지나자 선착장 쪽에서 작은 배 한 대가 모습을 드러냈다. 게잡이 배 근처에서 선장님이 알아봐주기를 고대하며 어슬렁거려보는데, 어째 부부의 분위기가 심상치 않다. 통발에서 게를 떼어내 컨테이너박스에 분류하는 작업이 끝날 때까지 부부간에는 한마디 대화도 없었고 선장님은 우리에게 작은 눈길조차 주지 않았다.
 추측컨대, 어제 애써 잡은 우럭들을 모르는 사람들에게 몽땅 줘버리고 아침엔 일 나가기 전부터 그들과 어울려 술까지 마셨으니 아주머니께 꽤나 야단을 맞았을 것이다.
 "저 사람들한테 벌떡게 두 마리 주기로 했는디."
 "씨알도 안 먹히는 소리 하덜 말고 일이나 하쇼."

몽돌해변 송이도

섬의 50여 가구는 선착장을 중심으로 하나의 마을을 이뤄 살고 있다. 마을에는 민박과 식당을 겸한 슈퍼들이 두세 군데 눈에 띄지만 성수기처럼 상시적으로 문을 열어놓지는 않는다. 송이도해변을 두르고 남은 몽돌은 마을 앞마당까지 빼곡히 들어서 있다. 마을 앞에는 사람들이 오가는 데 불편함을 없애고자 몽돌 위로 데크로드를 길게 들여놓았는데 오히려 그것이 송이도의 명물이 되었다.

그 위를 걸으며 산책을 즐기든 주저앉아 바다를 바라보든, 보이는 모습 그대로가 그림이 되고 추억이 되는 아름다운 섬길.

선착장을 바라보니 배를 기다리며 시간을 보내는 모습 또한 제각각이다. 회사일 때문에 좀처럼 시간을 내지 못했던 재훈에게 바다는 휴일의 저물어가는 오후와 같고, 정우에게는 당분간 가시지 않을 손맛이며, 방파제에 걸터앉아 낚시꾼의 모습을 물끄러미 바라보는 광성에게는 여전히 진한 아쉬움이다.

안마도

주소
전라남도 영광군 낙월면

즐길 것
방파제 부근, 감성돔·농어·
숭어 낚시, 트레킹

야영지
안마도 본섬 북쪽 해안

가는 길
계마항 → 안마도
06:30~12:30 사이 하루 1회
안마도 → 계마항
12:00~15:00 사이 하루 1회
(2시간 30분)
* 물때에 따라 매일 시간이 다르기 때문에
반드시 선사에 문의

문의/안내
신해9호 항해사 010-9254-5582
신해9호 사무장 010-9627-7558
해광운수 061-283-9915

캠핑 TIP

안마도선착장 부근의 슈퍼는 낚시꾼이나 외지인을 주고객으로 하여 물건값이 다소 비싼데 반해 마을 안 슈퍼는 섬 주민을 대상으로 하므로 상대적으로 저렴한 편이다. 다른 섬의 사정도 비슷하다.

말안장을 닮은 안마도

오후 3시, 여객선이 안마도에 도착한 것은 게마항을 떠난 지 3시간이 지나서이다. 섬의 모습은 이어지는 등선이 낮고 완만하였으며 선착장 주변으로는 숙박시설이 몰려 있었으나 대체적으로 한적한 분위기였다. 전라남도 영광군의 섬들 중 바다 가장 서쪽에 위치한 안마도는 대석만도, 소석만도, 오도, 횡도, 죽도 등 5개의 부속 도서와 함께 안마군도를 형성하는데 생김새가 말안장을 닮아 그리 이름 붙여졌다고 한다.

안마도의 부속 섬, 죽도

안마도 캠핑을 계획하며 우리가 숙영지로 예정한 곳은 부속 섬 죽도이다. 도보로는 1시간 정도의 거리에 불과하지만 이미 남은 오후가 짧고 섬 지리에 익숙하지 않아 마을 이장님께 도움을 청하기로 하였다. 이장님은 해군 복무 시절 안마도를 알게 되었고, 후에 이곳에 돌아와 섬사람이 된 지 20여 년 가까이 되었단다. 이장님의 고물 트럭은 굉음을 내고 문짝조차 제대로 맞지 않고 소금기 가득한 해풍에 용접조차 쉽지 않다고 했지만 너덜거리더라도 굴러가는 한 이 녀석이 소중한 섬 생활의 동반자다.

안마도와 죽도 사이에는 방파제를 만들고 돌을 놓아 오갈 수 있도록 했다. 죽도에는 한 가구에 할머님 한 분이 살고 계신다고 알려져 있지만 사실은 몇 해 전 할아버지를 떠나보내신 후 안마도 본섬의 동생 집으로 거처를 옮기셨다고 한다.

야영장을 찾아서

지도에서 봤을 때 죽도에는 야영지로 꼽을 만한 장소가 몇 군데 있었다. 하지만 막상 가보니 바다와 맞닿아 이어지는 길은 불어난 물에 도중에 끊겨 있고 산길을 타고 내려간 길에는 가시넝쿨과 가파른 낭떠러지뿐이었다. 편평한 초지대로 보였던 땅도 울퉁불퉁 산비탈이었다. 결국 마을로 돌아와 휴교중인 초등학교 운동장에서 잠시 망설이다 그나마 바다가 한눈에 들어오는 체육공원 구석에 설영을 하였다. 우중충한 날씨에 특별할 것도 없어 보이는 섬. 트레킹조차 포기한 채 눈을 붙이고는 해가 저물 때까지 텐트를 고수하였다. 많이 고단했던 모양이다.

무의미한 밤을 보내고 3시간의 뱃길이 아깝고 허무하다 느껴졌던 아침, 드러난 갯벌에선 할머니들의 바지락 캐기가 한창이다. 쭈그러지고 꼬부라진 할망구들을 뭐하러 찍느냐며 타박이시지만 그래도 어디서 왔는지 밥은 먹었는지 정감 어린 안부는 어느 섬이고 다름이 없다.

안마도 북쪽 해안

안마도는 4~5월에는 꽃게 어장이 형성되고 육젓이 유명해서 음력 6월이 되면 멀리 목포에서까지 어선들이 몰려들 정도로 성황을 이룬다. 그러나 야심 차게 준비한 전복 양식 사업이 수온 차로 실패하고 축산업이든 벼농사든 수지가 맞지 않아 정작 섬 주민에겐 뚜렷한 소득원이 없다.

이곳은 한때 방목하는 소의 수가 500여 두를 훨씬 넘기고 그 벌이가 제법 쏠쏠하였지만 운반 비용과 사룟값 인상 등으로 수지를 맞추기가 어려워지면서 사양 산업으로 전락해가는 추세란다. 남아 있는 200여 두의 소들은 어느새 계륵이 되어버리고 그러한 사정을 아는지 모르는지 분뇨를 싸질러대며 섬 곳곳을 활보중이다.

마을로 들어서면 제일 먼저 눈에 띄는 것이 공중목욕장이다. 섬 캠핑을 다니면서 목욕장을 본 것은 이번이 처음, 더운물에 몸을 담그고 찌든 피로를 풀고 싶은 마음이 간절했지만 이른 시간이라서인지 문은 닫혀 있었다.

법성포초등학교 안마분교장은 올해 2월 마지막 남은 6학년생을 졸업시키고는 휴교에 들어갔다. 운동장이 제법 넓고 바다 상태가 좋아 알파인 텐트 20~30동은 무난하리라 생각되었다.

안마도의 비경은 북쪽 해안에 모두 숨겨놓은 듯하다.

맑고 푸른 바다와 아기자기한 섬들이 둘러선 해안길은 섬 허리를 돌아 다시 선창가까지 이어진다. 그 길을 따라 걷다보니 바다에 널려진 소똥 냄새마저 정답고 그윽한데 여느 섬의 트레킹 코스와 견주어도 모자람이 없는 멋진 풍광에 독특한 감성이 더해지니 탄성이 절로 나온다.

만남은 짧아도 그 기억은 오래도록

작별 인사라도 드릴 겸 가게에 들렀더니 노인회장님, 죽도 할머니, 치안센터장님, 이장님이 모두 모여 계셨다. 그분들은 이것도 인연이라며 좋은 계절에 꼭 다시 오라 하신다.

"여름에 다시 오면 민어 한 마리 잡아주시겠어요?"

안마군도의 섬들은 무인도건 유인도건 간에 수억 년 전의 초지를 머리에 둘러쓰고 해안절벽의 절경을 허리에 두르고 있다. 굴업도의 개머리언덕을 닮은 그곳 섬 머리에 설영을 하고 하늘과 바다의 조화를 마음껏 느껴보았으면 하는 바람도 가져보았다.

여객선이 다시 송이도를 거쳐 뭍으로 달려가는 동안 하늘과 바다는 시간의 색으로 바래가고 간절히 붙잡았던 하루의 인연은 수평선 너머에 잔잔히 남아 있다.

위도

주소
전라북도 부안군 위도면

즐길 것
망금봉 망월봉 종주 코스 14km
위도 8경, 해수욕, 내원암

야영지
위도해수욕장

가는 길
격포항 출발
주중 07:50 09:50 11:50 13:50 15:30 17:10
주말 07:50 09:10 10:30 13:10 14:30 15:50
    17:10
위도 출발
주말 07:50 09:10 10:30 11:50 13:10 14:30
    15:50 17:10
주중 파장금카페리와 대원카페리가 격포항과
위도 파장금을 같은 시간 엇갈려 왕복
도내 공영버스 1대 일주 관광 2,000원
택시 1대 일주 관광 25,000원

문의/안내
파장금카페리 063-581-0023
대원카페리 063-581-1997
아름다운 위도 www.wisamo.com

캠핑 TIP

섬 백패킹을 계획할 때 지역 정보를 미리 알아보면 도움이 된다. 각 지방자치단체(시·군)의 문화관광 카테고리에서 대략적인 정보를 얻고 그 이하 읍·면 지역의 총무계 또는 산업계에 전화를 걸어 자세한 지역 상황과 섬 내의 필요한 연락처를 수집한다.

이야기가 있는 섬

사람의 왕래가 뜸한 계절의 격포항 여객선터미널엔 섬으로 가는 승객과 차량도 손으로 꼽을 정도이다. 이쯤이면 10~20분 출발이 늦어진다 해도 그러려니 했겠지만 정시가 되자 여객선은 고동 소리 힘차게 뿜어대고 어김없이 육지와 멀어져간다.

전 해상에 기상특보도 하나 예고되지 않은 포근한 주말이다. 피동지, 칠산바다 이야기며 율도국, 인당수 등 위도에 관련한 전설, 위인 등의 이야기들이 여객선, 객실의 사방 벽과 천장에 가득차 있다.

위도는 넓이가 거의 11km²에 달하는 비교적 큰 섬인 탓에 차량을 동반했다. 파장금선착장에 내려 관광안내도를 살펴보니 도로는 해안을 따라 둘러 있었다. 대략 30~40분 정도면 충분할 거라는 생각에 천천히 한 바퀴 돌아보기로 했다.

면사무소와 보건지소, 위도 중고등학교 등이 들어서 있는 큰 마을 진리를 지나 벌금항으로 넘어가는 포구는 최근에 지칠 것 같지 않던 한파 때문인지 가장자리 곳곳이 얼어 있는 모습이었다. 여름이면 피서객들로 몸살을 앓는다는 위도해수욕장에도 잔설이 남아 있었다. 백사장 모래가 단단하여 흔히 '공설운동장'으로 불리는 넓은 해변엔 여름의 북적임 대신 쓸쓸함과 스산함이 들어서 앉았다.

금이라는 지명의 유래

위도에는 섬의 서쪽으로 총 네 개의 해수욕장이 있다. 위도해수욕장, 깊은금해수욕장, 미영금해수욕장, 논금해수욕장이다. 위도에는 유난히 해수욕장의 명칭을 포함하여 파장금, 벌금, 살막금, 도장금 등 '金'이라는 끝말이 붙은 지명이 많다. 금은 일반적으로 후미진 해안이 안으로 휘어져 있는 형태로, '곶'과는 반대되는 개념의 지형을 뜻한다. 위도의 경우 조선시대 때 14개의 초소를 설치하고 이례적으로 그곳에 金이란 끝말을 붙였다는 이야기도 전해 내려온다. 이름 그대로 만이 깊숙하게 들어온 '깊은금'은 위도의 섬 모양인 고슴도치의 자궁에 해당하는 곳으로, 심구미라고도 불린다.

깻돌해안 미영금을 지나고 얼마지 않아 모습을 드러낸 논금해변은 영화 〈해안선〉과 드라마 〈불멸의 이순신〉의 촬영지로, 앞바다에 펼쳐진 내

조도·외조도·중조도 등과 어우러져 멋진 풍광을 그려낸다. 대나무나 싸리나무 등으로 만든 살을 바다에 세우고 물의 드나듦을 이용해 고기를 잡던 살막금은 위도 종주 산행길의 출발지가 되며 고슴도치의 꼬리 쪽에 해당된다. 우측 바다에는 거륜도가 보인다. 섬 허리를 타고 남쪽으로 향하니 띠뱃놀이의 본고장 대리마을이 나타난다. '띠뱃놀이'는 해마다 정월 산자락의 당에 제를 지내고 띠로 만든 배를 띄워 풍어와 안녕을 비는 위도의 전통민속굿이다.

간단한 캠핑 식사

숙영지로 점찍어둔 위도해수욕장으로 돌아와 전망 좋은 네 개의 데크 중 하나에 텐트를 피칭했다. 겨울이 되면 섬을 찾는 사람들도 뜸하지만 주민들의 상당수도 뭍에 나가 산다. 그래서인지 겨울 섬에는 다른 계절에서 느껴볼 수 없는 공허함과 외로움이 공존한다.

리액터 버너에 즉석밥 하나를 욱여넣고 간단한 밥상을 차렸다. 캠핑에서 해결하는 끼니는 비교적 간단하다. 마트에서 흔하게 구할 수 있는 일회용 강된장에 물을 조금 넣고 두부 한 모 썰어 넣어 끓이면 끝이다.

위도해수욕장에서의 캠핑

동지가 지났지만 해는 턱없이 짧다. 식사를 마치고 잠시 텐트 안에서 음악을 들으며 휴식을 즐겼을 뿐인데, 혹시나 하고 바라본 하늘에선 어김없이 까만 저녁이 내린다. 사케를 한잔 데워 마시고는 거추장스러운 옷들은 벗어버린 채 침낭 안에 들어가 누우니 파도 소리가 선명하다.

텐트에 부딪히는 바람의 요동은 상상하는 모든 소리를 닮아 있다. 새벽 서너시쯤 되었을까, 문득 잠에서 어설피 깨어 몸을 일으켜 텐트 밖으로 나왔다. 칠흑 같은 어둠 위로 촘촘히 수놓아진 별빛들이 쏟아진다. 한참을 바라보며 감탄하다가 재킷도 걸치지 않은 채 맨발에 등산화를 구겨 신고 있었음을 깨달았다. 발 사이를 비집고 들어온 묵은 눈의 차가움을 느낀 순간, 상상하거나 보이는 것에 마음껏 집중할 수 있는 이 순간이 홀로 캠핑을 떠나는 이유라는 것을 알았다.

위도와 연도된 정금도

다음날 6개의 유인도와 24개의 무인도로 이루어진 위도면에서 유일하게 연도되어 있는 섬, 정금도로 향했다. 다리를 건너 임도를 따라 오르면 길이 슬그머니 마무리되고 허름한 집 몇 채와 고깃배들만이 바닷가를 두르고 있다. 위도의 바다 지형은 건너 변산해변의 절경과 많이 닮아 있다. 위도는 또한 산세가 좋아 망금봉, 도제봉, 망월봉, 파장봉으로 이어지는 종주 코스가 14km(6~7시간)에 이르고 또한 곳곳에 주능선으로 오르는 들머리가 있어 다양한 등산 코스를 선택할 수 있다.

망금봉으로 오르는 길은 울창한 원시림 속 야생화들의 천국이라 알려져 있지만 한겨울에는 하얀 눈만이 겹겹이 쌓여 있을 뿐이다. 가쁜 숨을 몰아쉬며 전망대에 서면 잿빛 하늘 아래 해식애의 비경을 끼고 섬을 둘러 이어진 일주도로가 한눈에 들어온다.

위도 8경

아침저녁으로 내원암에서 울려 퍼지는 저녁 종소리(내원모종), 새벽녘 정금도에 밥 짓는 연기가 모락거리는 모습(정금취연), 진리마을 앞 식도에서 울려퍼지는 어부들의 풍어가(식도어가), 가장 높은 산인 망월산 봉우리에 보름달이 떠오르는 모습(망봉제월), 봉수산 산허리를 감아 돈 구름(봉산출운), 칠산 바다에서 돛단배가 만선의 깃발을 흔들며 돌아오는 모습(선소귀범), 위도에서 20km 떨어진 왕등도의 해넘이(왕등낙조), 본 마을인 진리 앞바다에 만조 때 물이 가득차 넘실거리는 광경(용연창조)을 합쳐 위도 8경이라 부른다.

 시간을 돌이켜보니 한적한 섬의 정취를 얻을 수 있었지만 생동감 있는 위도의 삶과 푸릇한 자연을 마주하지 못했던 아쉬움이 남았다. 하지만 섬은 늘 변함없이 그곳에 머물러 있을 테고, 이 섬에서 품고 가는 아쉬움은 다시 찾아올 기회를 만들어줄 것이다. 언제고 마주할 좋은 계절을 기약해본다.

신안

백야도

주소
전라남도 신안군 장산면

즐길 것
해수욕(여름), 낚시, 낙지잡이, 짧은 트레킹

야영지
갯바위 부근

가는 길
목포항 → 백야도
08:30 (섬사랑10호/신해5호, 1시간 30분)
백야도 → 목포항
13:00

문의/안내
목포연안여객선터미널 1666-0910

주의점
설영 장소가 마땅치 않으니 자립식 텐트 이용
섬에서 나올 때는 섬사랑10호, 신해5호에
전화해 승선 의사를 알려야 한다.
(전화번호는 가는 길에 배에서 메모)

캠핑 TIP

장산도의 다수리나 축강에서 백야도까지는 보트로 15~20분 정도 걸린다. 보트비 50,000원, 해태 채취선 25,000원. 이곳은 숙박업소가 전혀 없으므로 야영 준비를 철저히 하고 식음료품은 미리 준비해야 한다.

장산도의 부속 섬 백야도

백야도는 장산도의 부속 섬이다. 백야도라는 이름의 섬은 이곳 외에도 여수시에 연륙한 화정면 백야도와 진도군 조도면에 위치한 무인도 백야도 등이 있다. 정기 항로로는 8시 30분에 출항하는 배를 이용해야 했지만 기다리는 시간이 만만치 않고 돌아오는 배 시간 또한 기차 시간과 맞지 않아 장산면사무소에 미리 전화 드려 근방의 배를 가진 주민들 중 기꺼이 수고해줄 분을 섭외했다. 그 덕에 장산면 축강선착장에 도착했을 때 우리를 기다리던 작은 배 한 척을 만날 수 있었다. 왕복요금으로 10만

원을 지불하기로 하고 4월의 뿌연 하늘과 바다로 둘러싸인 미지의 섬 백야도로 들어섰다.

작은 섬마을 백야도

새우가 많이 잡혀서, 섬의 형태가 하얀 갈매기 같다고 해서 백야도란 이름을 얻었고 김 양식이 한창이던 90년대 중반까지만 해도 주민이 25가구 60명을 넘을 정도였다지만 지금의 백야도는 2가구 5명 남짓의 주민만이 상주하는 아주 작은 섬마을이다.

온통 갯벌로 둘러싸이고 변변한 해수욕장 하나 없는 장산도, 이곳 사람들은 주변에 산재한 작은 섬들을 새끼섬이라 부른다. 백야도를 포함해서 굴배도, 마진도 등이 그것인데 어미섬의 모자람을 채우기라도 하듯 이들 새끼섬들은 저마다 수려한 경관을 자랑하는 청정 해수욕장을 품고 있어 장산 사람들의 좋은 휴양지가 되었다. 작열하는 태양 아래 섬 하나를 전세 내고 한나절 진하게 여가를 즐기다가 고기 몇 덩이를 구워먹고, 횟감 몇 마리라도 건져올려 곁들이면 그 이상의 피서가 없을 것이다.

조용히 피서를 즐길 수 있는 곳

백야도해변은 하루 쉬다 가기 좋을 정도로 아담하고 고요했다. 숙영을 하려 이곳저곳 살펴보다 섬 한 바퀴를 다 돌아버렸고, 결국 물이 들지 않을 높이의 갯바위 위에서 설영하였다. 야영지의 주변 여건이 녹록하지 않을 때는 자립형 텐트가 좋다. 바위 위의 흙과 잡풀은 팩이 들어갈 정도의 깊이가 아니기에 폴을 넣어 형태를 잡아 세우고 적당한 크기의 돌을 고여 스트링을 고정시키면 설영은 그것으로 마무리된다.

숙영지로 찾아온 섬에 사는 어르신 한 분이 우리가 있는 이곳 갯바위가 좋은 낚시터라고 하신다. 잠시나마 소주잔을 함께 기울이다 부슬비

가 내리기 시작하자 어르신께서는 낙지라도 몇 마리 뽑아올리면 저녁 찬거리 걱정은 없을 거라며 자리를 털고 일어났다. 그러고는 두어 시간 주변을 돌며 이곳저곳을 쑤셔보았으나 결국 한 마리도 못 잡고는 껄껄대며 집으로 돌아갔다.

장어 두 마리의 행복

가져온 낚싯대를 바다에 담그고 떠밀려온 합판을 다듬어 도마를 만든 후 회칼도 갈아놓았다. 해변으로 밀려온 물통을 씻어놓고 타프 끝에 끈을 매달아 빗물을 받아 채운 후 휴대용 정수기로 걸러 식수를 만든다. 얼마나 시간이 흘렀을까? 고요를 뒤흔드는 환호성과 함께 수면 위로 튕겨져 따라온 큼지막한 바닷장어 한 마리. 그후로도 장어 한 마리가 더 올라왔다.

작은 섬에 비마저 부슬거리니 특별히 할 일이 없다. 섬도 바다도 어제도 그제도 그랬던 것처럼 서로의 영역에 어깨를 기대고 쉬어가는 하루, 정성껏 손질된 바닷장어가 프라이팬에 올려지면서 고소하게 익어가는 내음이 갯바위에 가득하였다.

항동시장 보리밥골목

목포연안여객선터미널 건너편에 자리한 항동시장은 오래전부터 신안의 섬사람들을 위한 장터였다. 섬사람들은 이곳에서 물건을 팔고 생필품을 구입한 뒤 배 시간을 기다렸다. 또 술 한잔 생각나고 허기질 때면 보리밥골목에 어김없이 들렀다.

목포집, 영암식당, 암태집, 도초식당, 장산식당 등 이름만으로도 정겨운 골목. 그중 완도집은 내 오래된 단골집이다. 각종 나물과 간장게장, 갈치구이, 고동볶음, 갈치젓, 김국. 거기다 계절마다 특색 있는 반찬들로 한 상 가득 채운 밥상은 단돈 8,000원이다. 거기다 주인아주머니의 구수한 사투리와 손님들의 옛이야기를 함께 듣는 재미 또한 쏠쏠하다.

마진도

주소
전라남도 신안군 장산면

즐길 것
트레킹, 낚시, 낙지잡이

야영지
동쪽 해변

가는 길
목포항 → 마진도 06:00 14:00
마진도 → 목포항 09:30 15:30

문의/안내
신안해운 061-242-4520
마진도보건진료소 061-262-3975
장산면 주민센터 061-240-4011

캠핑 TIP

모래사장에 텐트를 칠 때는 길고 넓직한 알루미늄 샌드팩을 사용하는 것이 좋으나 일반 팩인 경우 모래를 되도록 깊히 파고 박아 묻는다. 모래구덩이를 파고 큰 돌에 스트링을 걸어 묻는 것도 또하나의 방법이다.

어쩐 일로 오셨소?

여객선은 섬 주민들을 한 무리 태우고, 온 길을 돌아 섬으로 갔다. 섬과의 첫 만남은 늘 낯설고 마을을 향해 걷는 길은 조심스럽다. 바다를 건너오며 밋밋하게 실루엣으로나마 보던 풍경의 속살을 조금씩 헤집어보는 느낌. 갯벌과 담벼락 그리고 지붕, 혹은 서먹한 인사로 마주하는 사람들까지 흔적은 온전한 색을 남겨두지 않았다.

그들의 질문은 "어디서 오셨수?" 대신 "어쩐 일로 오셨소?"이다.

주민들이 무뚝뚝한 표정일수록 이쪽은 더더욱 밝고 공손한 태도로 섬을 방문한 자초지종을 밝혀야 한다. 따지고 보면 그들에게 우리는 방문객 아니던가. 그러나 방문객 입장에서는 사진 몇 장 담아가며 야영하고 섬 한 바퀴 돌아보는 소소한 일을 얼마나 거창하게 설명할 수 있을까? 그러니 속으로 이렇게 말한다. "소란 피우지 않고 있는 듯 없는 듯 조용히 머물다 깨끗하게 치우고 돌아가겠습니다."

텐트를 치기 전 해변에서 확인해야 할 것

설영지를 찾기 위해 섬의 절반 이상을 걷다 서다를 반복하고 허기와 피곤함이 밀려들어 더이상 못 찾겠다 싶어 그 자리가 숙영지가 되었다. 물 빠진 갯벌 건너 여객선이 오가고 가깝고 먼 곳에 크고 작은 섬들이 소소히 떠 있는 편안한 바다 풍경, 구릉과 구릉으로 이어지는 온순한 섬 등성이, 그것이 섬이 가진 전부라 해도 그러니까 이 섬에 왔다며 담담히 끄덕

이게 되는 우리나라 목포 앞바다의 작은 섬 마진도. 어느 정도 파보았을 때 모래가 말라 있는 것으로 보아 밀물 때에도 해변 끝까지 바닷물이 치고 올라오는 일은 없을 것이다. 다소 고르지 못하고 경사진 바닥은 주변에서 찾아낸 널빤지 등을 이용해 정지 작업을 한다. 셸터 한 동과 텐트 한 동, 최대한 모래를 파내어 팩을 박고 그 위에 큼지막한 돌 하나를 올려놓았다.

마진도 둘러보기

1986년 개교한 장산초등학교 마진분교는 2007년에 폐교되었다. 곱게 다듬어진 운동장과 나무들, 아이들은 떠나고 학교 건물 역시 초소와 보건소로 바뀌었지만 남아 있는 모습이 정갈한 것을 보니 마을 사람들의 손길이 지속적으로 닿고 있는 듯했다. 섬에 있는 분교치고는 제법 넓은 운동장, 바다로의 조망을 가린 담과 건물만 아니었다면 당연 이곳은 마진도 최고의 야영지가 될 것이다.

 마진도는 큰 섬이 아니라 한 바퀴 돌아보는 데 1시간 30분 정도면 충분하다. 그도 그럴 것이 면적이 고작 1km² 남짓이고 섬의 곳곳으로 포장된 시멘트길이 이어진다. 섬의 남서쪽 해안에 서 있으면 장산도 아래 백야도가 눈에 들어온다. 섬과 섬 사이가 그렇게 가깝다.

 선착장으로 이어지는 마을 앞 갯벌, 멀리서 낙지를 잡는 주민들의 모습이 보인다. 통 속에 들어 있을 낙지 생각에 괜한 군침을 흘려보지만 푹푹 빠지는 갯벌을 건너갈 자신이 없어 이내 포기하고 만다. 작은 식료품 가게 하나 없는 이곳 마진도에서 낙지는 저녁 찬도 될 것이고 아니면 목포에 나가 사는 자식들에게 보내는 부모 마음이 되기도 할 것이다.

살기 좋은 섬

선착장 주변으로는 어선 몇 척이 정박해 있는데 대부분 1톤 미만이며 남쪽 해안으로 전복과 김 양식장도 눈에 띄지만 규모는 그리 크지 않다. 마늘과 양파 그리고 여름이면 열무 등으로 소득을 일궈가는 농사가 주업이 되는 섬이다. 땅을 일구고 전답을 만들기까지 겪었던 섬사람들의 어려움과 고생은 마을 곳곳의 돌담마다 고스란히 쌓여 있는 듯하였다.

길을 가다 우연히 만난 섬마을 이장님께선 그래도 마진도는 살기 좋은 섬이라 했다. 정기여객선이 기항해서 아침에 목포로 나가 볼일을 보고 오후 배로 돌아올 수 있는데다가 물마저 풍족한 섬이고 얼마 전 생긴 보건소 덕에 어르신들의 건강도 챙길 수 있게 되었단다.

인스턴트 순두부찌개

이장님 댁에서 물통에 물을 가득 채우고 숙영지로 돌아오니 비로소 오래전부터 섬에 머물던 바위, 바다, 갯벌, 바람, 햇살과 동화되는 느낌이다. 광성과 셸터에 마주앉아 조촐히 밥상 겸 술상을 차려내었지만 삼겹살 한 점 없는 인스턴트 찬거리에 뭔가 모를 아쉬움이 급습한다. 광성은 낚싯대를 들고 갯바위로 나서보았지만 역시 빈손으로 돌아왔다.

스산하게 다가온 섬에서의 저녁, 남겨진 바다는 말을 잃어간다. 마치 무인도에 남겨진 느낌. 광성이 어디서 떠밀려왔을 인형 하나를 주어와 텐트 앞에 앉혀놓았다. 평소 말수가 적은 그는 어쩌면 인형과 무언의 대화를 나누며 위로받고 있는지도 모른다는 생각을 해본다.

"형, 순두부찌개가 있긴 한데 육수를 안 가지고 왔어."

모자란 것이 있으면 생각은 더욱 간절해진다. 문득 배낭 안에 곰탕면 한 봉지가 있다는 것을 생각해내고는 곰탕 수프로 육수를 대신해 그날 저녁은 제법 근사한 순두부찌개를 먹을 수 있었다.

비금도

주소
전라남도 신안군 비금면

즐길 것
해조류 번식지, 성치산성,
천일염전, 내촌마을, 하트해변,
원평해변

야영지
하트해변, 원평해변, 명사십리해변

가는 길
목포항 → 도초도
카페리 07:00 13:00 (2시간 20분)
목포항 → 도초/비금
쾌속선 07:50 08:10 13:00 16:00 (50분)
비금도 → 목포항
카페리 09:40 15:40
도초/비금 → 목포항
쾌속선 10:00 12:20 16:40 17:20
* 비금도에서는 가산, 수대선착장 두 곳에 기항

문의/안내
대흥페리 061-244-9915
남해고속 061-244-9915
신안군 문화관광과 061-240-8357
비금면사무소 061-240-4006
비금택시 061-275-5166

캠핑 TIP

도초도와 비금도는 차량 동반을 추천한다. 이 경우 도초도 시목 야영장에서 야영하는 것이 좋다. 택시대절은 시간당 2~3만 원이다.
비금도는 2대의 공용버스가 각각 하루 5차례 운행하는데, 노선에 차이가 있으므로 이용을 원한다면 '비금면 주민센터' 홈페이지를 참고하면 된다.

가산과 수대, 두 개의 선착장

비금도에는 가산과 수대 두 군데의 선착장이 있는데 숙영지와의 거리에 따라 선택해 내리면 된다. 비금도는 해안선 길이만 130km에 달하는 큰 섬이라 제한된 시간 내에 비금도의 비경을 도보로 즐기는 것은 거의 불가능하다. 때문에 숙영지를 정하고 그곳을 중심으로 주변을 돌아보되 아쉬움이 남는다면 다음 기회를 위해 남겨두면 된다. 언제나 그렇듯 섬은 그 자리를 지키고 있으니까.

섬초라 불리는 시금치

수대선착장에 내려 버스를 탔다. 수대리 모퉁이를 돌아 내월 방향으로 들어서면 그림산과 선왕산 앞으로 넓은 평야가 펼쳐지는데, 대부분 시금치밭이다. 섬초라 불리는 비금도의 시금치는 9월에 씨를 뿌리고 3월까지 두세 차례 수확한다. 겨우내 추위와 눈서리, 바닷바람을 견뎌내기 위해 땅바닥에 바싹 붙어 자라며, 일반 시금치와는 다르게 잎은 옆으로 퍼져 있다. 신선도와 당도가 높아 비싼 가격에 팔리는 비금도의 주요 소득원이다. 내촌마을에 도착하자 버스 기사가 내려주며 말했다.

"하누넘으로 가려면 여기서 내려 걸어들어가야 합니다. 내일 아침 9시까지 나오시고요."

비금도의 천사

내촌마을에서 하트해변까지 열심히 걸어가고 있는데 1톤 트럭 한 대가 지나가다 멈춰 서더니 올라타라 한다.

"모처럼 비금도 왔응께, 내가 섬 구경시켜줄 거구마."

하트해변을 지나면서 시작되는 해안길은 드물게 만나는 기막힌 풍광이다. 서남쪽으로는 해식이 만들어놓은 기암절벽이 바다로 떨어지고 그 반대편으로는 우뚝한 산지가 버티고 해안을 두르고 있다.

금천저수지를 지나고 서산마을, 고막마을 그리고 평림마을을 돌아오면 비금도에서 가장 아름다운 해변으로 손꼽히는 원평해변이 눈앞에 펼쳐진다. 최근 남도의 지명을 보면 '해수욕장' 대신에 '해변'이라는 단어를 주로 사용하는데, 아무래도 '해수욕장'은 여름 한철에 국한된 이미지여서 시공간적으로 보다 넓게 '사계절 언제나 찾을 수 있는 섬'이란 인식을 주기 위함이라 한다.

낙조가 아름다운 원평해변

원평해변은 바다 건너 떨어지는 낙조가 아름답기로 유명하고, 단단하고 고운 모래와 넓고 긴 백사장, 거기에 펜션과 민박 등이 잘 갖춰져 있어 여름 휴가지로 잘 알려져 있다. 그리고 해변을 따라 이어져 있는 명사십리는 위락시설이 상대적으로 적어 고즈넉한 바다를 즐기려는 사람에게는 안성맞춤이다.

바다 건너 우세도를 다시 보니 그 모습이 정답고 친근감이 남다르다. 비금면 내 농협마트에 들러 식수와 식자재를 구입하고, 우리나라에서 천일염이 가장 먼저 생산되어 시조염전 또는 1호 염전으로 불리는 광활한 소금갯벌을 지나고, 도초도와 연도된 서남문대교로 들어섰다. 그리고 도초도의 국립공원 야영장이 있는 시목해변을 돌아 다시 하트해변까지. 길에서 만난 비금도 천사와의 인연 덕에 비금도에서 도초도까지 한 번에 둘러볼 수 있었다.

하누넘해변, 하트해변

하트해변의 원래 이름은 '하누넘'이다. 산 너머 그곳에 가면 하늘과 바다 밖에 보이지 않는다'고 해서 그 고운 이름을 얻었다. 고개를 내려와 전망대에서 내려다보이는 해변의 굴곡과 바닷물이 들어찬 모습이 하트 모양을 닮았다고 해서 '하트해변'이라고도 불린다.

한여름 데크와 몽골텐트가 설치되었던 야영지는 깨끗하게 정리되어 있었지만 남도의 따뜻한 기온 덕분인지 화장실과 수도는 아직 사용이 가능했다. 적당한 위치를 골라 각자의 텐트를 피칭하는 동안 먹음직스러운 섬초나물무침으로 점심식사가 준비되었다. 산책만으로도 기분이 좋아지고 새겨지는 발자국마저 그림이 되는 해변, 이름처럼 이 해변을 함께 걷는 커플은 사랑이 더욱 깊어진다고 한다.

해변 우측으로는 파도와 바람에 풍화되고 침식된 억겁의 흔적이 남아 있었다. 제멋대로 깎인 바위틈을 밟고 올라 바다 너머를 바라보았다. 어느덧 하루가 꺾이는지, 물결의 조각조각을 부수며 태양이 지고 있었다.

겨울 섬을 방문할 때 기억해야 할 것

남쪽 섬이라 해서 한겨울 밤마저 만만한 것은 아니다. 해가 지면 당연 바람이 일고 기온은 급강하, 따뜻한 나절에 길들였던 몸은 별안간의 한기에 더 큰 추위를 느끼곤 한다. 배낭에 들어 있는 장비들은 스스로의 안전을 지키고 극한 상황을 대비할 수 있는 것이어야 한다. 동계 캠핑을 위해서는 텐트, 침낭, 매트리스 등의 기본 장비들의 스펙도 높아야 하지만 체온을 유지하기 위해 내복을 착용해야 하며 보온 재킷과 바지도 준비하는 것이 좋다.

도초도

주소
전라남도 신안군 도초면

즐길 것
큰산 트레킹, 수림대숲길
트레킹, 고란리 석장승,
만년사, 시목해변, 가는게해변

큰산 트레킹
큰산 입구(장목재)-제1봉-제2봉
-쉼터-정상-암릉-삼거리-암봉-
쉼터-하누넘사거리-자섬잔등-
목교-시목해수욕장

야영지
시목해변 야영장, 가는게해변

가는 길
목포항 → 도초도
카페리 07:00 11:40 13:00 (2시간 20분)
목포항 → 도초도/비금도
쾌속선 07:50 08:10 13:00 16:00 (50분)
도초도 → 목포항
카페리 08:50 09:40 15:40
도초도/비금도 → 목포항
쾌속선 10:00 12:20 16:40 17:20

문의/안내
대흥페리 061-244-9915
남해고속 061-244-9915
도초면사무소 061-240-4007
도초택시 061-275-9993

맛집
보광식당 061-275-2136 (낙지연포, 아나고회)

신안의 섬들은 유인도나 무인도나 그 형세가 험하지 않으니 바라보기도 편하지만 무엇보다 옹기종기 이웃하고 있는 모습이 정겹고 친근하다.

배가 비금도 앞바다로 접어들자 흑산, 홍도행 쾌속선이 포말을 날리며 빠르게 옆을 스친다. 쾌속선은 바다 위의 택시인 셈인데 속도가 빠른 대신 운항중에는 선실 밖으로 나올 수가 없다. 대신 차도선(페리호)은 다소 느리지만 손닿을 듯 펼쳐지는 섬과 바다 내음을 실컷 만끽할 수 있다.

최고의 섬 캠핑장, 시목해변

귓가를 스치고 지나가는 바람은 육지의 그것과는 사뭇 태생이 다른 듯, 그저 욕심 없이 떠도는 남풍이어서 살을 에이지도 숨을 막히게도 하지 않는다. 면사무소로 가는 길 양편으로는 염전과 섬초로 불리는 시금치밭이 펼쳐져 있다. 겨우내 염전이 물을 받아 쉬는 동안 섬초밭은 마지막 수확을 위해 무척이나 분주하다. 도초도의 섬초는 비금도와 더불어 100퍼센트 노지에서 재배되는데 섬유질과 당도, 비타민과 철분 및 칼슘 함량이 높아 섬의 주요 소득원이 되는 귀한 몸이다.

제법 규모가 있는 농협마트에서 식재료를 구입한 후, 시목 야영장까지 버스를 탔다. 시목해수욕장은 임자도 대광해수욕장, 암태도 추포해수욕장, 비금도 원평(명사십리)해수욕장과 더불어 신안의 4대 해수욕장으로 꼽힌다. 2.5km에 달하는 해변이 반원 모양으로 둥글게 펼쳐져 있으며 산과 바다로 마치 병풍을 쳐놓은 듯 3면으로 만입되어 있어 다소 좋지 않은 날씨임에도 맑고 잔잔하다.

해변의 단단한 모래땅에는 잔디가 넓게 펼쳐져 있고 그 위로는 10개의 데크가 크기별로 나란히 설치되어 있다. 한겨울이지만 화장실이 개방되어 있으며 개수대 수도 역시 시설이 처음 들어섰을 때부터 동파를 모르고 지내온 듯 강한 수압으로 쏟아진다. 가히 최고의 섬 캠핑장이라 할 만하다.

섬은 크고 하루는 짧다

 시목해수욕장 우측 방향으로는 포구를 향해 걷다보면 산책로가 나 있는데 조금만 올라도 야영장의 모습과 해변의 전경이 어우러져 시원한 조망을 가질 수 있다.
 산책로는 대략 1.5km 정도로 별 어려움 없이 능선을 타고 펼쳐진 바다와 크고 작은 섬들을 감상하며 걷다보면 길은 포구에 서 있는 정자 뒤편으로 이어져 내려온다. '큰산' 트레킹은 본격적으로 산행을 즐기는 이들에게는 안성맞춤이다. 장목재에서 시작되는 코스 역시 조금만 오르면 좌우 숲 사이로 시목해수욕장과 고란평야의 넓은 들판이 펼쳐진다. 등산로를 따라 걷고 쉬고를 반복하며 정상에 오르면 도초도를 둘러싼 비금도, 자은도, 암태도, 팔금도는 물론 하의도와 신의도와 그 부속 섬과 흑산군도까지 조망할 수 있다.

화도 산책

오후 1시 30분, 농어촌버스가 시목으로 들어왔다. 버스는 종점이라 할 수 있는 화도선착장에 멈춰 선다. 화도에는 제빙공장과 조선소 등은 사라진 지 오래지만 지금도 뒷골목에는 여전히 60~70년대의 향수를 느끼게 하는 이발관이나 정미소 등이 남아 있다.

　흑산도와 홍도, 가거도 그리고 만재도 등으로 여행을 계획했다면 차량을 가지고 들어와 도초도와 비금도를 돌아본 후, 화도에 주차하고 여정을 이어가는 것도 좋을 듯하다. 비금도와 도초도는 다리로 연결되어 있지만 도초도 버스는 도초도에서만, 비금도 버스는 비금도에서만 운행하기 때문에 양 섬을 두루 잇는 교통수단은 택시 외에는 없다.

　사람들은 관광은 비금도, 일상은 도초도라 한다. 그만큼 비금도에는 비경이 많다는 말이겠다.

가는게해변

여행에서 돌아온 지 몇 달 후 우이도로 가려던 배가 결항되는 바람에 다시 도초도에 내리게 되었다. 함께 내린 어르신께 2년 전 캠핑 경험이 있었던 시목해수욕장 외에 야영이 가능한 곳이 또 있느냐고 여쭸더니 가는게해변이란 곳을 추천해주셨다.

　도초도에는 7대의 택시가 운행된다. 공영버스가 있기는 하지만 일정한 시간에 정해진 코스로만 운행되기 때문에 중심 도로에서 벗어난 곳으로 이동하기 위해서는 택시를 이용할 수밖에 없다. 넉넉한 시간에 근거리라면 도보도 고려해보겠지만 해안선의 길이가 마라톤 풀코스와 맞먹으니 만만하게 볼 수 없다. 선착장에 대기중인 택시에 올라 가는게해변으로 향했다.

가는게해변은 폭이 100m가 채 넘지 않을 듯한 곱고 작은 백사장인데 해변 대부분이 만입된 형태라 여느 바다와는 사뭇 다른 특별한 오붓함이 있다. 그리고 화장실이나 개수대 하나 설치되어 있지 않은 자연 그대로의 해변이라 여름 한철 소풍을 즐기려는 섬사람들의 편의를 위해 몽골 텐트 두 동을 세워놓은 것이 시설의 전부이다.

바다에서의 후리질

미리 자리를 잡고 고기잡이를 즐기던 섬 주민들이 말을 걸어온다.
　"소주 하십니까? 텐트는 나중에 치시고 이쪽으로 와서 회 좀 잡수쇼."
　철 이른 전어와 감성돔 등등 갓 잡아올린 생선을 한여름 바닷가에서 만끽하게 될 줄이야. 종이컵에 소주 한 잔을 받아 시원하게 마시고 싱싱한 회 서너 점을 초고추장에 듬뿍 적셔서 먹다보니 어느새 그 섬사람은 나를 형님이라 부르고 있었다.
　"형님, 갈아입을 옷 가져오셨으면 갈아입고 따라오쇼."
　그물로 고기 잡는 걸 알려주겠다는 그에게 이끌려 웃통을 벗어젖히고 바닷속으로 들어가니 온몸을 스치는 물살이 후덥한 기운을 모두 씻어주듯 상쾌하다. 방법이야 간단하다. 두 대의 기둥에 그물을 걸고 그 길이만큼 벌려서 바닥을 훑어서 뭍으로 올라오면 되는 것. 이러한 고기잡이 방식을 '후리질'이라 한다. 단순하니 재미있고, 걸려드는 생선들이 많으니 참으로 신기하다. 몇 번을 반복하니 이웃들과 충분히 먹고 나눠줄 정도의 양이 모였다.
　가는게해변에는 섬사람들만 안다는 보물이 있다. 그것은 바로 해변가 숲 뒤로 꼭꼭 숨겨진 우물가. 바닷물에 젖은 몸과 붙은 모래는 이곳에서 말끔히 씻어낼 수 있는데 지하에서 솟는 단물이라 정말이지 시원하다. 이윽고 마을 이웃들 몇 분이 더 오시고 해변에선 조촐한 잔치가 펼쳐졌다.

우세도

주소
전라남도 신안군 비금면

즐길 것
트레킹

야영지
우세도 전역

가는 길
비금도 원평해변에서 낚싯배(개인배) 이용

문의/안내
비금면사무소 061-240-4006

캠핑 TIP

과거에 사람이 살았던 적이 있는 무인도에서는 오래된 우물이나 고인 물을 쉽게 발견할 수가 있다. 휴대용 정수기를 준비해간다면 식수 걱정은 하지 않아도 된다. 카다인, MSR 사의 제품도 좋지만 아쿠아탭스와 같은 정수제나 라이프스트로 등도 유용하게 쓰인다.

무인도를 찾아서

캠핑에 동행한 광성과 나는 수시로 섬에 대한 정보를 수집하고 또 의견을 나누곤 하는데 몇 주 전 그가 사진 하나를 보내왔다.

"형 여기 어때요? 무인도예요."

오래전 도초도 백패킹 때 비금도 원평해변에서 바라보며 감탄했던 '우세도'였다.

그러나 막상 원평해변에 도착해보니 묶여 있는 낚싯배들이 태반이라 넓은 해변에서 우리를 실어다줄 배를 찾기가 막막했는데 택시 기사님과 민박집 아주머니의 도움으로 한 소형 어선에 오를 수 있었다. 원평해변에서 우세도까지 거리는 가까웠지만 방파제와 등대를 벗어나니 배가 좌우로 흔들리고 파도가 갑판 위를 넘나들었다. 얼마 후 우세도 거친 갯바위에 배낭과 함께 내리고 삯을 물으니 20만 원을 달라고 한다. 돌아갈 때 주겠노라 했지만 너무 비싸다는 생각에 영 마음이 개운치 않았다.

섬에는 근사한 모래해변이 두 개나 있었다. 비금도가 보이는 모래해변에서 숙영도 가능해 보였지만 일단 섬의 반대편 해안을 살펴보기로 했다. 오래전에는 사람이 살았던 섬이라 길이 있을 만도 했지만 풀이 많이 자라고 넝쿨로 엉켜 있어 걷기가 수월하지 않았다. 한참을 헤매고 겨우 숲을 벗어나자 비로소 우세도의 풍경이 펼쳐져 보였다.

자연 그대로의 순수

남동 해안이 온화하고 부드러운 느낌이라면 북쪽 해안은 거친 자연의 모습이 고스란히 남아 있는 모습이다. 넓은 초지에 셸터를 피칭한 후 시래기를 끓이고 들깨된장 양념을 풀어 뜨끈하게 빈속을 데웠다. 바람에 실려 흐르는 갈대의 노래, 먼 파도 소리, 그리고 정체 모를 새의 울음까지, 이맘때야말로 여정에 있어 가장 편안하고 행복한 시간이다.

섬의 가장 높은 곳에는 등대 하나가 서 있었다.

길이 없으니 수풀과 가시넝쿨을 헤치고 올라야 하는데 까탈스럽다. 찔리고 걸려가며 나선 섬 트레킹. 다시 등선을 따라 내려와 암석해안 쪽으로 접근해보았다. 파도가 높고 그 강도가 묵직해 보인다. 오랜 세월 파도가 수없이 부딪치고 또 부딪쳐서 만들어낸 해식애는 환상적인 비경을 이루고도 숨죽여 살며 인공의 때가 묻지 않은 자연 그대로의 순수함을 간직해왔다.

뱀 주의보

섬의 남동쪽 해변에는 사람이 살았던 집터와 우물이 고스란히 남아 있어 휴대용 정수기를 이용하여 물을 페트병에 담아 마셔보았다. 짠맛이 돌았지만 시원했고 식수로 사용하기에 문제가 없어 보였다.

 섬에 들면 항상 뱀을 주의해야 한다. 특히 무인도에는 천적이 없으니 주의를 게을리해서는 안 된다. 뱀은 중부지방의 경우 11월 중순이면 동면에 들어가지만 이곳은 남쪽 지방이라 마음을 놓을 수 없다.

 해가 떨어지며 하늘과 바다는 더욱 스산해졌고 지표 삼아 보았던 비금도가 어둠 속에 잠겨가니 비로소 진정 무인도에 갇힌 느낌이 들었다.

고마워요, 선장님!

다음날 6시가 되자 갑자기 세찬 바람이 부딪치며 바로 옆 셸터가 심하게 퍼덕이는 소리가 들렸다. 무언가가 텐트를 후려치는 느낌에 지퍼를 열어보자 강한 비가 쏟아져 들어왔다.

 잠자리에 들기 전 공용장비는 거의 정리해두었기에 침낭과 개인 소품,

매트리스를 배낭에 차례로 넣고 마지막으로 텐트를 재빨리 접어 패킹 후 레인커버를 덮어씌웠다. 신속하게 대처해 특별한 어려움은 없었지만 문제는 이런 악천후에 우리를 데리러 배가 들어와줄까 하는 것이었다. 해변으로 내려와 선장님을 애타게 기다리며 온갖 걱정을 하던 순간, 멀리서 휘청이며 들어오는 배가 보였다. 험한 바다를 헤치고 다가오는 모습이 어찌나 늠름해 보이던지 온몸에 바닷물을 뒤집어쓴 채 우리를 찾아주신 선장님이 너무도 고마웠다.

  배에 오른 후 광성이 눈짓으로 가리키는 곳을 보니 조타기 옆으로 흠뻑 젖은 성경책이 펼쳐져 있었다. 우리와의 약속을 지키기 위해 거슬러 온 바다는 얼마나 위험천만했을까! 뱃삯을 깎으려고 했던 것은 정말 잘못된 생각이었다.

  비금도에 무사히 도착해 선착장에 배를 단단히 묶고 선장님은 우리를 가산선착장까지 데려다주었다. 숨가빴던 마음을 진정시키고 따뜻한 객실에 배를 깔고 누우니 천국이 따로 없었다.

배낭 멘 사람의 호사, 흑산 홍어

"아저씨, 흑산 홍어 잘하는 집으로 데려다주세요."

목포로 돌아와 홍어전문식당을 찾았다. 택시에서 내리자마자 건물 밖까지 강하게 풍겨오는 고릿한 홍어 내음에 내심 만족하였다.

이전한 지 얼마 되지 않아 미처 벽에 걸지 못했다는 메뉴판에는 상상 이상의 가격이 적혀 있었다. 가뜩이나 뱃삯으로 가벼워진 주머니가 탈탈 털리는 기분이 들었지만 결국 2인 기준 125,000원 하는 홍어삼합을 주문했다. 한 접시에 홍어는 16점, 묵시적으로 막걸리 한 잔에 홍어 한 점이라는 규칙이 정해졌다. 흑산 홍어는 평소에 즐기던 수입산 홍어와는 완전 다른 맛이었다. 일단 색이 누르스름하면서 수분이 전혀 없어 보이고 암모니아의 톡 쏘는 향이 덜한 대신 묵직한 지린내를 풍긴다.

홍어를 맛있게 먹는 법

홍어를 먹을 땐 법칙이 있다. 홍어를 씹으며 입을 살짝 벌려주고 공기를 깊게 들이마신 다음 코로 내쉰다. 그리고 탁주 한 모금을 들이켜 함께 씹어 희석하면서 역시 코로 숨쉬어야 한다. 칼칼하면서 입안에 민트 향이 가득하고 씹을수록 진한 숙성 향이 퍼지는 느낌이다. 나중에 나온 애탕도 특유의 칼칼함보다는 내장에서 우러난 깊은 맛이 더해져 오히려 시원하기까지 했다. 서비스로 나온 홍어코와 뽈살 그리고 애까지 깨끗하게 비우고 나니 흑산 홍어의 모든 맛을 섭렵한 기분이 들었다.

식당을 나오며 광성이 말했다.

"배낭을 멘 사람의 마지막 호사라고 해두죠. 앞으로는 값싼 수입산 먹자고요."

우이도

주소
전라남도 신안군 도초면 돈목리

즐길 것
돈목해수욕장, 사구, 1구 트레킹,
정약전 적거지, 문순득 생가터

야영지
돈목마을 폐교, 1구 선착장 부근
(돈목해변 야영 불가)

가는 길
목포항 → 우이도 11:40
우이도(우이2구) → 목포항 07:20

문의/안내
대흥상사(섬사랑6호) 061-244-9915
도초면 주민센터 우이도 출장소 061-261-1866

캠핑 TIP

섬 여행에서는 늘 플랜B를 준비해야 한다. 갑작스럽게 배가 결항할 경우 혹은 숙영지의 상황이 좋지 않을 때 그리고 악천후 등에서도 차선책이 있다면 여정을 포기해야 하는 일은 생기지 않는다.

느릿느릿 네 시간의 뱃길

우이도에 도착해 구름 덩어리를 짊어진 산머리를 보니 섬의 웅장함이 짐작된다. 우이1구 진리선착장, 이곳에서는 중장비 차량과 일하러 온 몇 사람만이 하선했을 뿐이고 승객 대부분은 갑판으로 나와 이어지는 뱃길을 재촉한다.

불과 200~300m의 거리를 두고 마주한 두 섬, 동소우이도와 서소우이도 모두 우이도의 부속 섬으로 여객선의 기항지이다. 동소우이도가 여유롭고 한적했다면 서소우이도는 방파제를 중심으로 가옥들과 어선들이 밀집되어 있어 훨씬 더 생동감이 느껴졌다.

며칠간 내린 비로 우이도 해안 절벽 곳곳엔 실폭포가 만들어졌다. 지형이 층을 이루고 또 갈라진 사이, 언뜻 보아도 접근하는 일이 쉽지 않아 보이지만 무언가 귀한 것이 자라고 있을 것만 같은 느낌, 그곳의 생태가 문득 궁금해졌다.

야영장이 어디죠?

목포를 떠난 지 4시간 만에 우이2구 돈목선착장에 도착했다. 점심때부터 내리던 비바람이 점점 거세졌다. 해변 초입에 '야영장'이란 팻말이 보여 헤매어보았지만 어느 곳에서도 야영시설을 찾아볼 수 없었다. 해변에 설치된 국립공원 임시관리센터에 사람이 보여 야영지가 어디에 있는지 물어보았다.

"안녕하세요, 아까 입구에서 보니까 야영지가 있다는데 어디죠?"
"야영장은 없는데요."
"해수욕장 개장 기간에 야영이 가능한지 다도해 국립공원사무소에 전화를 넣어보았는데 가능하다고 얘기하던데요?"
"개장 기간에도 야영은 안 되고요, 저녁까지 해변에 그늘막 설치 같은 건 가능합니다."

평상시 섬 지역 국립공원은 마을 주민에게 위탁관리시키는 것이 일반적이라 섬을 찾은 백패커들에게 취사를 제외하고 야영편의도 제공하곤 하였으나 해수욕장 개장 기간엔 국립공원관리공단의 직원들이 파견 나와 있으니 허용이 불가하다는 것이다.

난감한 기색을 보이자 자신들이 숙소로 사용하는 민박집 사장이 국립공원 관리인을 겸하고 있는데 폐교를 소유하고 있으니 그곳 운동장에서 야영을 하면 어떻겠냐고 묻는다.

폐교의 잔디 깔린 작은 운동장은 텐트 몇 동 들어서기엔 부족함이 없

어 보였지만 문제는 날씨였다. 바람은 더욱 거세지고 비는 감당할 수 있는 정도의 굵기가 아니다. 야영을 강행하기에는 무리라 판단하고 결국 민박집 사장님의 배려로 40,000원을 내고 방을 하나 얻었다.

돈목해변

다음날 아침, 하늘은 잔뜩 흐렸으나 비는 그쳤다. 그 덕분에 시야가 좋아 해변을 가로지르며 어제 채 즐기지 못한 돈목해변을 꼼꼼히 살펴보기로 하였다. 이곳은 해변이고 언덕이며 둘러싼 모든 것이 모래이다. 게다가 조그마한 갯돌 하나 찾기가 어려울 정도로 모래는 곱고 그 입자가 미세하다. 해변 중간쯤에는 계곡을 타고 내려오는 작은 내와 바다가 만나는 줄기가 있는데, 간혹 이곳을 찾는 백패커들에게 야영을 허락하는 하는 장소라고 한다. 이런 지형에서 흔히 볼 수 있는 도둑게가 몇 마리 지나갔다.

모래언덕과 성촌해변

해변의 탐방로를 따라 오르면 사구의 윗부분에 닿는데 돈목마을부터 도리산까지 펼쳐지는 조망이 일품이다. 사구는 생각했던 것만큼 규모가 크지는 않았다. 한때는 동양 최대의 모래언덕으로 불려 높이만 70~80m에 달했으나 지금은 대략 30m이고 폭도 반으로 줄었다고 한다. 바람이 모래를 이동시켜 만들어지는 풍성사구에 잡초나 사구식물이 자라면 모래가 이동되지 않고 또 쌓이지 않아 사구의 면적이 줄어드는 것이다. 한때 비경을 자랑했던 우이도 모래언덕의 위용이 사라지고 있는 것이 안타까웠다. 모래언덕의 반대편 너머로 내려오면 바로 성촌해변을 만나게 된다. 돈목해변이 남서향이라면 성촌해변은 북서향, 규모와 풍광 역시 돈목에 뒤지지 않을 만큼 크고 자연미가 물씬 풍겨온다.

할머니와 엄마 그리고 여자아이 두 명이 한 손에는 호미를, 다른 한 손에는 망태를 들고 해변을 찾았다. 모래를 파고 조개를 잡을 작정인가보다. 이 바다를 향한 모든 빛들과 피사체들이 조화롭게 어우러지는 아침 풍경이었다.

우이1구 진리마을

폐교에 타프를 치고 햄, 연어와 참치 통조림으로 가벼운 식사를 하였다. 취사가 안 될 듯해 비가열식으로 준비해왔던 것인데 마을 가게에서 사온 맥주를 곁들여보았으나 먹는 즐거움은 전혀 느껴지지 않았다.

돈목해변 한가운데의 작은 내가 흐르는 곳은 바닷길을 제외하고 우이1구로 가는 등산로이다. 습하고 무더운 숲길, 생수를 한 모금 마시고는 한 바가지의 땀을 쏟아버리는 느낌이다. 바닷길을 제외하고는 1구를 오갈 수 있는 유일한 통로, 참으로 불편하고 또 애가 바싹 마를 일이지만 섬사람들은 숱한 세월 담담히 발자국을 남겨왔다.

지금은 사라져간 대초리마을의 터를 지나 고갯마루에 오르니 상산봉으로 가는 이정표가 눈에 들어온다. 평소라면 올라가봤을 길이지만 지금의 컨디션과 날씨 환경에서는 엄두를 내서는 안 되는 일이라 생각해 애써 못 본 척, 빠른 걸음으로 돌아섰다. 섬의 상수원지를 만나자 거의 다 내려왔다는 안도감과 평지에 대한 만만함으로 온몸에 힘이 솟았다.

돈목이 관광지로 각광을 받고 있는 것에 반해 진리의 자연환경은 그보다 못하지만 정약전의 적거지, 표류기로 알려진 홍어장수 문순득의 생가터 등 역사의 자취들과 더불어 면출장소와 보건소, 학교(폐교)가 들어서 있는 우이도 행정의 중심지이다. 조선 숙종 때 만들어졌다는 도문화재 '우이선창'을 돌아 선착장으로 나서니 11시 40분 목포를 떠난 여객선 섬사랑6호가 들어올 시간이다. 내일 그 배를 타고 다시 돈목으로 돌아갈 예정이다.

폐교에서의 하룻밤

한결 나아진 날씨 덕분에 고깃배들도 간간이 떠 있다. 어제의 작은 폭포는 흔적도 없고 바다에서 바라본 돈목해변은 더욱 아름다웠다. 다시 폐교 운동장으로 돌아와 타프 아래 메시스크린(폴 없는 모기장 텐트)을 걸고 그 안에 백패킹용 로우코트를 조립하여 넣었다. 바람을 통하게 하고 모기와 잔디에서 오르는 습기를 방지하기 위한 최선의 세팅이다. 여름 바다가 황금빛으로 저물어갔다.

  떠나는 날 아침 날씨는 섬에 있던 중 가장 좋았다.

  일찌감치 선착장에 나와 이곳저곳을 둘러보며 제 색을 찾아가는 바다를 마냥 바라보았다. 다시 4시간의 뱃길, 섬이 시야에서 사라지는 것을 확인하고는 객실의 구석 자리에 몸을 뉘었다. 엔진 소리, 자장가처럼 등짝을 토닥여주었던 배의 진동, 여행객들의 웃음소리. 꿈결처럼 흐르던 섬, 우이도.

하의도

주소
전라남도 신안군 하의면

즐길 것
김대중 모실길, 김대중 생가,
큰바위얼굴, 덕봉강당,
하의해양테마파크

야영지
모래구미해변 주변

가는 길
목포항 → 하의도
조양페리 06:30 10:10 13:30 (2시간 30분)
엔젤호 7:10 14:30 (쾌속선, 1시간 30분)
하의도 → 목포항
조양페리 09:00 13:00 12:30
엔젤호 08:20 15:40

문의/안내
하의면 주민센터 061-240-4009
하의면 총무담당 061-240-3811
하의택시 061-275-8875
하의도 공영버스 010-8600-5256

예보상으로는 우리나라 해상의 많은 지역이 풍랑주의보의 영역에 들어 있었다. 겨울철 날씨라는 것이 비나 눈이 내리고 난 다음에는 기온이 떨어지기 마련이라서 드러난 여건만으로는 섬으로 가는 것은 옳은 선택이 될 수 없었다. 하지만 목포기상대와 운항관리실에 전화를 걸어 확인해본 결과 목적지인 하의도는 일단 주의보에서 벗어나 있으며 여객선의 운항 일정 역시 변동이 없음을 알게 되었고, 그 덕에 눈 쌓인 목포에서 남도의 소담스런 겨울 정취를 만끽할 수 있었다.

하의도 캠핑

하의도는 김대중 전 대통령의 고향으로 잘 알려져 있으며 면 단위로 이루어진 섬으로, 통영 앞바다의 한산도와 그 크기가 비슷하다. 김대중 생가와 초암 김연 선생이 설립한 덕봉강당, 농민운동기념관 등을 명소로 꼽고 있다. 원래는 농어촌버스를 타고 피섬까지 가서 모래구미로 이동할 생각이었지만 버스가 배 시간과 맞지 않아 부득이 섬 택시를 이용했다. 웅곡선착장에서 모래구미까지는 택시로 20,000원이다.

겨울 캠핑의 운치

전라남도에서는 도내 유명 해수욕장에 텐트촌을 구성하여 저렴한 가격으로 피서철 야영객들에 편의를 제공한다는 내용의 '남도비치'라는 프로그램을 운영했던 적이 있었다.

그 이후 기대했던 관광객 유치 효과가 지지부진하고 지자체와 갈등, 관리의 어려움을 이유로 현재는 마을 단위로 운영되는 등 그 취지가 유명무실해졌다. 하지만 남도 곳곳에는 휴가철이 지난 계절에도 내버려두기에는 아까울 정도로 수려한 풍광과 야영시설들이 남아 있고, 더구나 남쪽이라는 기후적 특성상 동계에도 물이 얼지 않아 화장실과 수도를 고스란히 사용할 수 있다는 장점까지 가지고 있다.

아웃도어의 형태가 점차 다양해지는 요즈음 배낭 하나씩 둘러메고 이곳들을 찾아 야영과 트레킹을 즐겨보는 것도 멋진 테마 여행이 될 수 있으리라 생각된다.

모래구미해변의 캠핑 사이트

모래구미는 하의도 서남쪽의 아담한 모래해변으로 바다를 마주한 경사면에는 10여 개 이상의 캠핑 사이트가 놓여 있다. 새벽에 내린 눈은 흔적도 없이 녹았지만 바닷바람은 제법 매섭다. 텐트를 설치하고 떡국을 한 그릇 끓여 속을 데웠다.

해안 지방의 지명을 보다보면 '구미(꾸미)'라는 어미를 간간이 보게 된다. 우리가 알고 있는 시도의 '배미꾸미', 울릉도의 '통구미' 등이 그것인데, 구미란 '구멍'을 뜻하는 말로 '모래구미' 역시 모래가 많고 움푹 들어간 지형이 구멍 같다 하여 얻은 지명이 아닐까.

김대중 모실길

모래구미해변에서 차도를 따라 남쪽으로 걷다보면 멀지 않은 곳에 죽도라는 무인도가 있다. 이곳 사람들은 앞부분의 형상이 사람을 닮았다고 하여 '큰바위얼굴'이라 부른다고 한다. 원래 사자바위로 불리던 죽도는 돌아가신 김대중 대통령의 상징이 되었고 큰바위얼굴은 김대중 생가와 더불어 그를 추모하는 사람들이 반드시 들르는 명소가 되었다.

하의도에는 총 길이 14km에 달하는 '김대중 모실길'이 조성되어 있다. 여기서 '모실'이란 말은 '마실'의 전라도 방언이라 높은 산이 없는 완만한 지형의 하의도 지형과도 잘 어울린다.

당일치기 여행이 아닌 하루 정도 묵어가며 문화와 자연을 고루 느낄 수 있도록 교통이나 제반 환경 등이 좀더 배려되었으면 좋겠다.

모래구미에서 큰바위얼굴까지의 고작 왕복 3~4km의 짧은 산책이라도 해넘이 바닷길은 운치가 있다. 길게 그림자를 늘어놓은 아내가 너풀너풀 춤추듯 걸었던 길이라 더욱 그러하다. 이렇게 편안하게 산책했던 날이 최근에 있었던가. 곤히 잠든 아내의 얼굴이 참으로 평화롭다.

신도

주소
전라남도 신안군 하의면

즐길 것
안태산 트레킹, 보말 줍기, 머위·고사리·두릅 채취(4월)

야영지
신도해수욕장 주변

가는 길
목포연안여객선터미널 → 하의도 웅곡항
06:30 (조양페리1호, 2시간 30분)
하의도 웅곡항 → 신도
09:00 (신해11호, 1시간 30분)
신도 → 하의도 웅곡항
10:50 (신해11호, 1시간 30분)
하의도 웅곡항 → 목포연안여객터미널
13:00 (조양페리1호, 2시간 30분)
* 웅곡항에 내리면 신해11호가 대기중이니 바로 옮겨 타면 된다.

문의/안내
신해11호 선장 010-9452-1363
조양운수 061-244-0038

캠핑 TIP

백패킹 버너의 대부분은 화구가 작아 두께가 얇은 코펠을 올렸을 때는 중앙부로 화기가 집중되어 음식을 태우기가 쉽다. 이를 보완하기 위해서 '버너패드'를 사용하면 좋은데 열을 분산시켜 골고루 음식을 익힐 수 있으며 코펠 밥은 물론 고구마나 옥수수도 구워먹을 수 있다.

또하나의 신도

아침 6시 30분 목포항에서 조양페리1호에 올라 2시간 30분이면 고 김대중 대통령의 생가가 있는 하의도 웅곡에 닿는다. 그리고 숨 돌릴 겨를 없이 선착장에 대기하고 있는 낙도 보조선 신해11호로 옮겨 타면 하의도의 부속 섬인 상태-장병-옥도-문병-개도-능산-대야를 거치고 마지막 기항지 신도에 내리게 된다. 이곳 신도는 옹진군 북도면의 시도, 모도와 이어진 섬 신도(信島)도 아니고 완도군 금일읍의 신도(身島) 역시 아닌 전라남도 신안군 하의면에 속한 낙도, 또하나의 신도(薪島)이다.

아름다운 신도해변

섬마을은 하얀 전호꽃으로 뽀얗게 뒤덮여 있었다. 오랜 세월 점차 낡아온 지붕들처럼 섬의 첫인상 역시 수수하게 다가왔다. 섬 전체에 섶(땔감나무)이 많이 있어 섶섬이라 불리다 지금은 섶 신(薪)을 써서 신도라는 이름을 가진 섬.

할머니 한 분이 부엌문을 빼꼼 열어 한참을 바라본다.

"안녕하세요?"

돌아오는 대답은 검게 팬 주름 사이 하얀 웃음이다. 신도해변까지 고개 넘어 가던 길에 아내가 문득 걸음을 멈추었다. 그러고 보니 주변에 보리수나무가 지천이라 어쩌면 내가 하늘과 바다를 살필 때 아내는 길 양옆에 늘어선 나무며 풀들을 관찰하고 있었는지도 모르겠다.

아내는 풀섶을 뒤지다가 기어이 산딸기밭을 찾아낸다. 지나던 마을 아주머니들께 인사를 드리며 산딸기를 보여드렸다.

"아이고, 것들이 벌써 그만큼 자랐구마. 많이 따 잡수쇼."

"어디서 오셨소?"

"잠은 어찌 잘라고 하요?"

"저기 내려가면 바닷가에 평상들 있는디 거기다 텐트 치면 되겠고마."

"바닷가에 그물 걸어놓았응께, 걸린 고기들 있으면 가져다 잡숫고."

언제나 따뜻하고 정겨운 섬 마음에 이 섬이 내 고향도 아닌데 아내를 바라보며 괜히 어깨가 으쓱해졌다.

많이 알려지진 않았지만 신도해수욕장은 국토해양부 선정 '한국의 아름다운 해수욕장 15선'에 뽑힐 만큼 아름답고 깨끗한 해변과 풍광을 자랑한다. 만입된 넓은 백사장은 길이만 800m에 이르고 입자가 고운 모래에 수질이 맑고 또한 주위에 울창한 송림이 형성되어 있어 가족 휴양지로도 안성맞춤이고 사계절 캠핑을 즐기기에도 모자람이 없다.

바닷가에 걸어둔 그물

솔밭 주변에는 여름철 사용했던 데크가 10여 개 남짓 늘어서 있어 그중에 하나를 골라 설영하고 바닷가로 내려가본다. 마을 아주머니의 말씀대로 정말 바닷가 그물에는 숭어 몇 마리가 드문드문 걸려 있는데 햇볕에 노출된 지 몇 시간 된 것들이라 대체적으로 말라 있었다. 바지를 걷고 좀 더 들어가면 팔팔한 녀석들을 만날 수도 있을 듯싶었지만 그대로 놓아두기로 했다.

 이 그물은 육지에 사는 아들이, 연세가 들어 바닷일이 수월치 않은 어머니와 이웃 어르신들을 위해 설치해놓은 것이고, 걸려든 생선들을 걷어다 잘 말려두고 찬으로 잡수시라 했다는 것이다.

신도를 걷다

봄날 신도의 바닷가는 해당화와 각종 들꽃이 아름답지만 피서철이 아니라 텅 비어 있었다. 신도해변을 둘러 자리한 안태마을의 안쪽으로는 나

지막한 산을 따라 오솔길이 이어진다. 흔하디흔한 머윗대나 고사리가 집집 마당과 담벼락에 실컷 널려 있고 숲에도 지천이다.

늘어진 시누대터널을 지나니 길은 해변의 남쪽 끝자락으로 이어지고 언덕 위로는 인기척 없는 집 한 채가 있다. 푯말을 보니 매점인 듯했지만 멋들어진 전망에 아기자기하게 꾸며놓은 모습이 방치해놓기에는 아깝다는 생각이 들었다. 선착장 능산마을, 10가구 남짓 거주한다는 마을에도 듬성듬성 빈집이 보이고 전호꽃과 유채꽃이 집을 둘러 안고 있다. 처음엔 밭을 만들어 소득을 위해 재배하던 것이 수지가 없어 방치되었고 이젠 곳곳에 씨를 날려 명물 꽃섬을 이룬 까닭이 되었다 한다.

겡이죽

해변에 물이 빠지자 아내는 돌을 뒤집고 게를 잡기 시작한다.

오늘의 특별 요리는 겡이죽, '게'를 제주도 방언으로 '겡이'라 하는데 제주도 바닷가에서 해녀들이 즐겨 해먹던 음식이라 한다. 게를 갈아 국물

을 내고 즉석밥 두 개를 넣어 끓이다 참기름과 맛소금으로 간을 하니 신기하게도 색도 맛도 전복죽과 흡사하다.

해변 왼편으로는 본섬과 갯으로 연결되었다가 물이 들어오면 분리되는 조그마한 섬이 하나 있으니 '항도'라 부른다.

신도의 하루가 항도와 신도의 섬 모서리 사이로 저물면 저멀리 황금빛 노을아래 동소우이도가 아련한데, 시간의 틈으로 곱게 펼쳐지던 색의 조화는 너무도 아름다웠다.

고사도

주소
전라남도 신안군 신의면

즐길 것
트레킹, 해수욕

야영지
선착장 주변

가는 길
목포항 → 고사도 08:30
고사도 → 목포항 13:00
고사도 → 신의도 동리선착장 08:00 (고평사호)

문의/안내
목포연안여객선터미널 1666-0910
섬사랑10호 선장 010-7160-3232
신해5호 선장 010-3646-4784
고평사호 선장 010-4051-1937

주의점
만조시 해변 대부분이 물에 잠기니 주의할 것

캠핑 TIP

목포연안여객선터미널 근방의 슈퍼들은 대개 5시면 영업을 시작하고 6시면 근처 항동시장을 비롯한 대형마트도 문을 연다. 식재료를 미리 준비하지 못했다면 이곳들을 이용하는 것도 방법이다.

평사도와 고사도 사이

바다를 건너 마주하고 있는 두 섬, 고사도와 평사도는 같은 듯 다르다. 평사도가 평평한 모래의 섬이라면 고사도는 높은 산이 있는 모래섬이다. 행정구역상 '전라남도 신안군 신의면 고평사도리'로 평사도에는 20가구가 살고 고사도에는 그 절반인 10가구가 살고 있다. 이장은 물론 어촌계장도 평사도에 거주한다.

처음에는 평사도에 가려고 탄 배였다. 그러다 고사도에 내리기로 생각을 바꾼 건 배에서 만난 한 할머니 때문이었다. 어느 섬에 내릴까 고민하는 것도 즐거운 일이겠지만 이렇듯 갑자기 목적지를 바꿀 수 있는 것도 여러 섬을 거쳐 가는 낙도보조선이라서 가능했다.

낙도보조항로

신해5호는 30여 개가 넘는 섬을 지나 서거차도까지 무려 7시간 30분의 긴 항해를 해야 하는 낙도보조항로여객선으로 섬사랑10호와 격일로 번갈아 운항한다.

우리나라에는 정기 항로를 만들어 여객선을 운항하기에는 전혀 수지타산이 맞지 않는 섬들이 꽤 많이 존재한다. 대부분 규모가 작고 주민 수가 적어 몇 개의 섬을 묶어 '낙도보조항로'라는 이름을 붙여 운항한다(물론 여객선사의 운항 결손은 정부가 보조해주는 형식으로, 준공영제라 할 수 있다).

섬에 따라서는 주민이 한두 명에 지나지 않는 곳도 있어 기항하기 위해서는 내리거나 타는 사람이 있어야 하고 여객선에 직접 연락해서 승선 의지를 밝혀야 하는 경우도 있다.

섬이 많으니 승객들의 목적지도 제각각, 목포로 나온 까닭도 제각각이다. 은행에 들러야 하고, 세제도 사고 옷도 좀 사러, 장이 선다고 해서, 자식들에게 밑반찬 가져다주느라고……. 육지에 사는 사람에겐 버스 타고 시내에 나가면 해결할 수 있는 간단한 일이겠지만 섬사람들에게는 긴 나들이를 나서는 일이다.

갈목도에서 배를 탄 할머니는 바쁜 자식들을 대신해 한 달 동안 손자를 맡아주기로 했단다. 아이는 섬길이 즐거운지 낯도 안 가리고 금세 객실의 사람들과 어울렸다. 따뜻한 바닥에 배를 깔고 두런두런 이야기도 나누다보니 객실은 영락없는 사랑방이 되었다.

다른 할머님 한 분이 행선지를 물어온다.

"평사도에 가려고요. 할머니는 어디 사세요?"

"난 고사도 살지. 평사도보다 우리 고사도가 훨씬 나아. 섬 오른쪽으로 쭉 돌아가면 경치 좋은 데가 있어."

텐트 칠 자리가 있냐고 물어보니 자리야 널렸다고 하신다. 목포를 떠나온 지 2시간, 그 섬이 가까이 보인다.

섬을 여행하는 캠퍼의 자세

고사도는 면적이 크지는 않지만 대부분이 산지로 이루어져 있고 마을은 동쪽 해안을 따라 형성되어 있다. 섬의 북서 해변을 둘러싼 넓은 모래 해변인 '큰발장'과 '작은발장'은 탁 트인 전망에 시원하고 층층이 쌓인 해안의 퇴적지형이 멋졌지만, 텐트를 설치할 만한 자리를 찾기는 어려웠다. 마을로 들어가보니 실제로 거주하는 가구 수보다 빈집이 많았다.

섬사람들의 견고한 일상

고사도처럼 관광객이 많이 찾지 않는 섬은 그들만의 일상이 더욱 견고하게 존재한다. 그러므로 어느 순간 툭 들어온 이방인이 카메라를 들고 마을을 두리번거리거나 야영하는 모습은 그들에게 거슬리는 일일 수 있다. 그러므로 섬에 들어가면 신분과 목적을 간단하게 밝히고 자신의 행동이 그들의 일상에 방해가 되지 않도록 주의해야 한다.

결국 선착장이 내려다보이는 언덕 위 초지에 설영을 했다. 제멋대로 자란 풀더미 위인데다 전봇대와 낡은 가옥들이 앞을 가려 생각만큼 전망이 좋지는 않았다. 날씨가 춥고 바람이 거친 계절에는 잠자리 외에 취사 등을 위한 공간을 확보하는 것이 중요한데 이 경우 별도의 셸터를 동반하거나 전실이 넓은 텐트를 사용하는 것이 좋다. 하지만 알파인 텐트를 기준으로 2.5kg이라 했을 때 늘어나는 무게 역시 감당할 수 있는 정도여야 한다. 2인 이상이 함께한다면 텐트의 폴과 스킨을 분리하여 패킹하는 것도 방법이 될 수 있다.

자연 그대로의 불편함

낙도의 몇몇 섬들은 식수를 지하수에 의존하고 있는데 고평사도도 그중 하나다. 그래서 가뭄이 지속되면 물 부족 현상으로 어려움을 겪곤 한다. 그러나 신의면과의 상수도 해저관로를 통해 근본적으로 식수 문제를 해결한다고 하니 그나마 다행이다. 2006년에 전기가 들어왔고 2015년이 되어서야 상수도가 연결되는 곳. 우리에게는 익숙한 이 자원이 이곳에는 아주 절실한 것이었으리라. 섬이 자연 그대로의 모습을 유지하고 있는 것은 이렇듯 어딘가 불편함을 동반하고 있기 때문인지도 모른다.

아주머니 한 분이 선착장에 서 있다. 잠시 후 작은 노전배가 선착장을 향해 다가오면 아주머니가 익숙하게 그물을 옮겨 싣는다. 두 사람의 자연스러운 움직임을 보니 오랜 시간 동안 바다 일을 함께해온 부부인 듯했다. 두 사람을 태운 노전배는 삐거덕거리며 멀어지더니 황혼이 지는 바다에 머물러 섰다. 그들은 미리 걸어뒀던 그물을 걷어올리고 다시 새 그물을 드리운다. 부부의 모습은 마치 의식을 치르듯 평화롭고 자연스럽다.

고평사호

아침 8시 정각, 궂은 날씨임에도 고평사호가 선착장에 와주었다. 고평사호는 이곳 주민들의 편의를 위해 하루 3회 운항하는 배이다. 섬에서 나갈 때는 낙도보조항로를 기다리지 않고 고평사호를 타고 10분 거리의 신의 동리선착장까지 나간 뒤에 정기 여객선으로 갈아타는 것도 방법이다. 이 배는 고향이 평사도인 선장님이 고향으로 돌아와 운항하는 정부지원 도선으로, 운임은 무료이다.

추포도

주소
전라남도 신안군 암태면

즐길 것
트레킹, 갯벌체험, 낚시,
추포해수욕장, 노둣길

야영지
추포해변 야영장, 자은도 백길,
분계해변

가는 길
목포 북항 → 팔금도 고산선착장
06:00 (1시간)
* 팔금도 고산선착장에서 추포도까지 택시 이용
압해도 송공선착장 → 암태도 오도항
07:00부터 1시간 간격 (30분)
암태도 오도항 → 압해도 송공선착장
08:00부터 1시간 간격
* 목포항에서 송공항까지 버스 이용(130번)
* 암태도 오도항에서 추포도까지 택시 이용

문의/안내
송공항 매표소 061-271-0090
압해읍 주민센터 061-271-0512
팔금 개인택시 061-271-1078
암태 개인택시 061-271-1508

어쨌든 목포로 가자

태풍 소식이다. 가을이 되고도 한참을 지나 은행잎이 노랗게 색을 바래가고 있는데도 말이다. 남부지방 해상에 내린 강풍과 풍랑주의보에 남쪽 먼 섬으로 가려 했던 계획을 어찌해야 할지 고민되었다. 주말이 오기 전까지 계속 태풍 경로와 예비특보를 주시하다 어쨌든 목포로 가자는 결론을 내렸다. 일요일 오전이면 태풍영향권에 들어갈 먼바다에 있는 섬은 아닐 것. 지도를 살피던 중 뜻하지 않은 섬 하나가 눈에 띄었으니 암태도와 연도된 자그마한 섬 추포도였다.

팔금도에 내리고 암태도를 거쳐 다시 추포도로

아침 6시, 목포 북항에서 출항한 신안농협페리호는 1시간 후 팔금도 고산항에 닿았다. 팔금도는 남으로 안좌도, 북으로 암태도, 자은도와 연도되어 있다. 고산항에서 암태도 추포해변으로 이동하기 위한 방법은 섬 택시가 유일하다. 다행히 연결된 모든 섬의 택시는 RV차량으로 배낭을 싣기가 용이하며 요금은 육지와 마찬가지로 미터기로 책정한다.

암태도 면사무소 근방에는 규모가 크지 않지만 생활에 필요한 웬만한 편의시설과 가게들은 모두 들어서 있는 듯했다. 상냥한 기사님 덕분에 마트에 들러 간단한 식료품을 구입하고 다시 정육점에 차를 대었다.

"무안에서 잡아온 돼지여, 맛이 완전 끝내준당께."

정육 경력 45년이라는 주인아주머니께서 직접 썰어낸 목살에 덤으로 얻은 천일염에 양파 하나까지 벌써부터 기대가 만발하다. 추포도 사람들은 암태도를 오가기 위해 물 빠진 갯벌 위에 노둣돌을 놓았다. 추포노두는 300년 전에 만들어진 우리나라 최장의 노두교로, 길이는 2.5km에 달한다. 이제는 옆으로 다리를 놓아 차량이 다닐 수 있게 하였다. 물이 들면 갯벌도 노둣돌도 바다에 잠겨 완연한 섬으로 변한다.

추포해변의 야영

추포해변은 바다에서 바라보았던 만큼이나 크고 넓으며 경사가 완만하고 모래의 입자가 고와 가족 단위의 피서지로도 적당해 보였다.

해변 데크 위에는 자전거를 타고 넘어와 이곳에 와서 숙영했던 라이더들이 막 철수를 시작하고 있었는데 그들은 이미 도초도와 비금도를 거쳐왔으며 암태, 자은도를 누빌 예정이라 했다. 면적이 큰 섬의 경우 도보로 이동하고 살펴보는 것을 감히 엄두도 내지 못했던 터라 부러웠고 언젠가 한 번쯤 도전해봐야겠다는 생각이 들었다.

그들이 비워준 데크에 설영을 하고는 버너와 코펠을 꺼내 늦은 아침식사를 준비하였다. 암태 정육점의 돼지고기는 기대 이상으로 차지고 맛이 있었다. 배가 부르고 기분이 좋아지니 바다도 하늘도 섬도 그리 고와 보일 수가 없다.

추포낙지

해변의 송림 뒤편에 있는 암태초등학교 추포분교는 학생이 7명인 아담한 시골 학교지만 정갈하게 가꾸고 정돈한 모습이 인상적이다. 텅 빈 운동장을 한 바퀴 돌고 아이들의 손때 묻은 놀이시설과 교실도 흘끔거려보았다.

추포의 청정 갯벌에선 낙지가 많이 난다. 이곳의 낙지는 뭍으로 팔려나가기도 하지만 섬을 찾는 관광객들에게 소매되기도 하는데 최근 시세로 세발낙지는 20마리에 50,000원, 덩치 큰 놈들은 마리당 15,000원 정도이다. 30,000원어치를 주문하였더니 12마리 정도 담아주었다.

세발낙지는 나무젓가락 등에 감아 통째로 입에 넣고 오래도록 씹어야 제맛을 느낄 수 있다고 한다. 숙영지로 돌아와 젓가락에 감아 시도해보았지만 먹는 데도 기술이 필요한지, 원체 싱싱한 놈들이라 그런지 입안에 달라붙는 힘이 여간하지 않다. 결국 뱉어내고는 잘라내 한 점씩 먹었다.

셋이서 먹다보니 12마리도 결국 많은 양이 아니었음을 알게 되었지만 산지의 싱싱한 세발낙지의 맛은 잊을 수 없다.

시나브로 변해가는 색의 조화

안좌도 너머로 해가 저물면 추포에도 고요한 저녁이 찾아든다. 이미 남해 동부와 동해안은 풍랑주의보가 발효중이고 내일 오후면 남서해 먼바다에도 그 영향권에 들어갈 예정이라지만 이곳의 바다는 외부의 일기변화에도 아랑곳없이 평온하고 잔잔하기만 하다. 시야 또한 청명하여 이어지는 섬 능선을 타고 찬찬히 살펴보면 안좌도 뒤쪽으로 비금도가 보일 정도이다. 시나브로 변해가는 색의 조화는 가을이 섬 캠퍼에게 주는 최고의 선물이다.

"떡국 드이소."

다음날 일행 중 하나가 떡국을 끓여 따뜻한 아침식사를 준비했다. 대개 섬 캠핑에선 아침 배를 타기 위해 분주히 움직여야 하는 시간이지만 암태 오도항에서 압해 송공항까지는 여객선으로 1시간이니 서두를 까닭이 없다. 쾌속선 한 척이 안좌 앞바다를 쏜살같이 지나간다. 흑산도에서 출항한 첫 배이자 아마도 오늘 마지막 배가 되지 않을까 싶다. 누군가 그 배를 놓쳤다면 영락없이 며칠간 흑산도에 갇혀 있어야 할지도 모른다.

추포 천일염

마을길을 따라서 돌아가는 길, 라디오 음악을 크게 틀어놓고 신명나게 천일염을 모아내는 젊은 부부를 만났다. 신안에서 생산되는 천일염 중에서도 추포 천일염은 몇 손가락 안에 꼽힌다. 추포도는 추도와 포도라는 두 개의 섬이 간척사업으로 인해 한 섬이 되면서 붙여진 이름이라는데, 낙지를 포함해 수많은 갯생물이 살아가는 갯벌은 그들의 삶을 지탱해온

원동력이 되었을 것이다.

 밀물 때 노두교 위로 물이 넘쳐났던 흔적이 흥건하다. 때문에 차량들은 바닷물이 튀지 않도록 속도를 줄이고 주의해서 넘나들어야 한다.

섬에 다리가 놓이면

암태도 오도선착장에서 압해도 송공항까지는 여객선으로 대략 30분 정도, 송공항에서 목포 시내까지는 일반 버스로 대략 40~50분 정도 걸린다. 압해도는 목포와 압해대교로 연륙되어 있기 때문에 엄밀히 말하면 섬이라 할 수 없다. 2018년 암태도와 압해도를 잇는 새천년대교가 완공되면 압해도, 자은도, 암태도, 팔금도, 안좌도까지 차량으로 쉽게 오갈 수 있게 될 것이다. 거기다 임자도, 증도, 그리고 위의 다섯 섬, 비금도, 도초도, 하의도, 장산도, 신의도까지 다리가 이어지는 '신안군 연도 연륙 개발계획'이 완성이 될 즈음에는 우리가 알고 있던 섬 문화, 생활, 관광 등에 많은 변화가 생겨나고 결국 섬 백패킹의 기억 역시 아득한 이야기가 될지도 모른다.

사치도

주소
전라남도 신안군 안좌면

즐길 것
트레킹, 상사치해수욕장,
바다낚시

야영지
상사치도해변, 초지대

가는 길
목포항 → 안좌 읍동
대흥페리 07:00 13:00 15:00 (1시간 10분)
안좌면사무소 → 복지선착장
농어촌버스 09:30 11:30 (25분)
복지선착장 → 사치도
도선 08:00 09:00 10:00 12:00 15:00 17:00
(10분)

문의/안내
대흥페리 061-244-9915
사치도 치안센터 061-270-0181
사치교회 061-261-6672

캠핑 TIP
'사리'는 음력 보름과 그믐을 뜻하는데 이때는 만조 때 바닷물이 가장 많이 올라온다. 그러므로 해변가 야영에는 각별한 주의가 필요하다.

사치도라는 고향
안좌도는 문화예술의 섬이라 불린다. 서양화가 수화 김환기(1913~1974)가 이곳 태생이기 때문이다. "못 견디게 그리워지는 시간, 조국이라는 게, 고향이라는 게, 내 예술과 우리 서울과는 분리할 수 없을 것 같아. 저 정돈된 단순한 구도, 저 오묘한 푸른 빛깔, 이것이 나만이 할 수 있는 세계이며, 일일 거야"라는 그의 말처럼 타국 생활을 오래했던 김환기에게 고향은 그리움의 대상이자 표현하고자 하였던 작품의 소재였다. 읍동선착장에서 읍내로 가는 약 1km의 도보길 양편에는 그의 대표작 〈사슴〉이 형상화되어 있고 안좌 읍내의 민가 담벼락에도 '한국 추상화의 선구자' 김환기를 기리는 벽화들이 멋들어지게 장식되어 있다.

북지선착장에서 사치도로
안좌 읍내 뒷골목에는 노부부가 운영하는 막걸리 양조장이 있다. 맛이 기가 막히다 하여 몇 병 구입하려 했지만 어르신께서 병중에 계신지라 다음을 기약해야 했다. 근처 마트에서 파는 암태 수미 햅쌀 생막걸리로 대신하였는데, 이것 역시 재래주조장에서 소량으로 생산되다가 2012년 신안 막걸리 품평회에서 최우수상을 수상한 후 전통발효식품 전라남도 공모사업자로 선정되어 공급과 시장권역이 넓어졌다.

    안좌면사무소 앞에서 농어촌버스를 이용하면 북지선착장까지는 25분 걸리고 목적지인 사치도로 들어가기 위해서는 선착장에 도착 후 섬을 오가는 도선을 이용해야 한다. 도선 운항 시간은 정해져 있고 요금은 무료

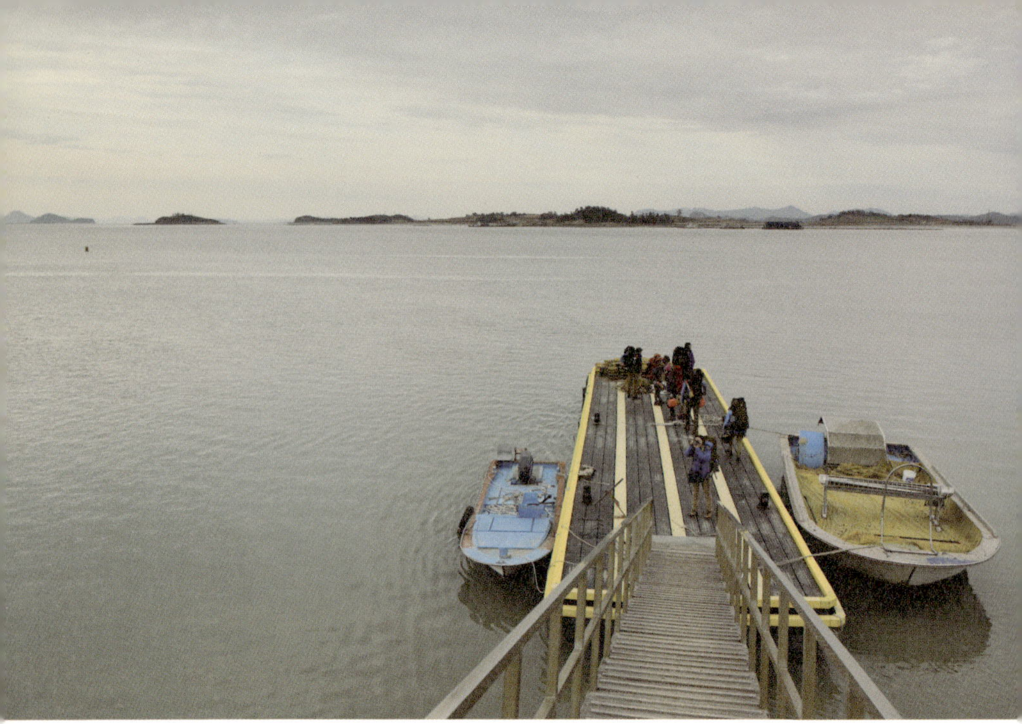

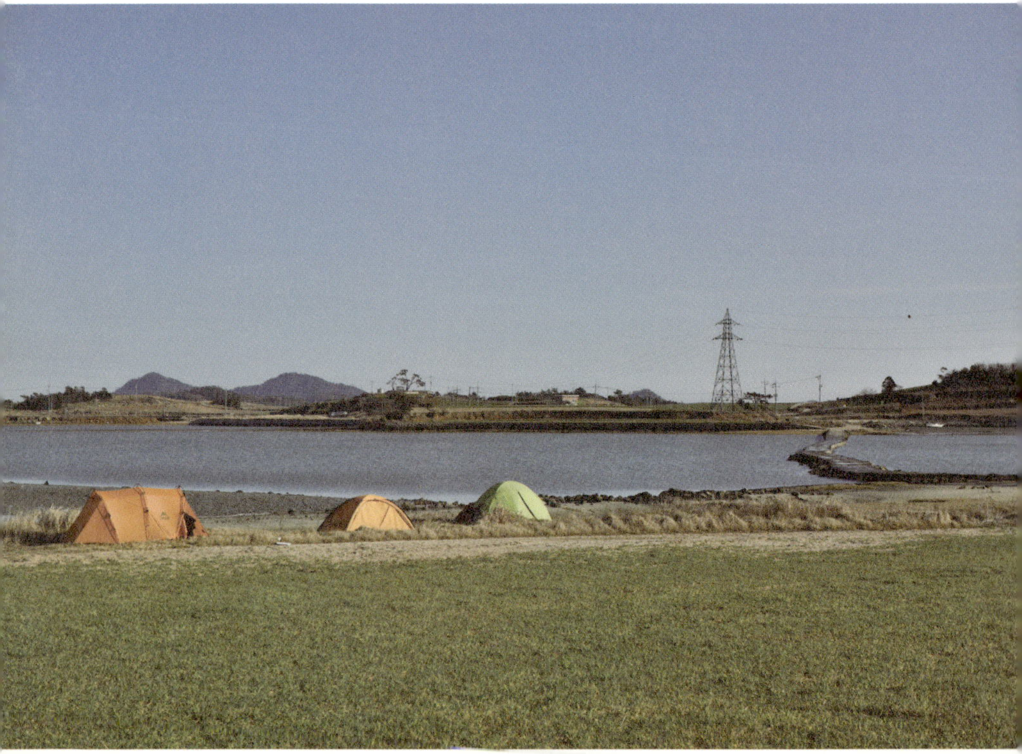

이다. 섬과 섬이 지척이니 배가 들어오는 모습이 바다 위에 선명하다.

　바다를 둘러보니 섬 너머 비금도의 산등성이와 언젠가 가보리라 마음에 담아두었던 노대도의 모습이 보이는가 하더니 불과 10여 분 만에 사치도에 도착했다. 모래가 많고 섬의 모습이 꿩과 닮았다는 사치도는 면적 2km²에 해안선 길이도 6km에 불과한 아주 작은 섬이다.

상사치도와 하사치도

섬에 입도 후 마을 치안센터로 가 인적사항을 기재했다. 외지인의 발길이 뜸한 섬에 아침부터 배낭을 둘러멘 사람들이 들었으니, 그럴 수도 있겠다는 생각에 흔히 있는 일은 아니었지만 충분히 납득하고 협조했다.

　사치도는 간석지를 사이에 두고 상사치도, 하사치도로 나뉘어 있으며 두 섬은 노두교 위에 쌓은, 길이 250m 정도의 제방으로 연도되어 있다. 그래서 물이 들어 제방이 잠기면 섬이 나뉘고 물이 빠지면 하나의 섬이 된다. 특이한 것은 섬 주민들은 모두 하사치도에 거주하고 있어 물이 들어 두 섬이 분리되어 있는 동안 상사치도는 완전한 무인도가 된다는 것이다.

섬개구리 만세

70년대에 사치도가 장안의 화제가 되었던 적이 있었다. 소년체전에서, 지금은 폐교된 낙도 사치분교 농구부가 준우승을 한 것이다. 그때 사치분교 선수들을 '섬개구리'라 불렀는데 그후 이 이야기는 〈섬개구리 만세〉라는 영화로 만들어지기도 했고, 모섬 안좌도까지 오가기 쉽지 않은 것을 고려해 선착장이 들어서고 도선이 건조되는 계기가 되었다고 한다.

　상사치도에서 짐을 풀고 식사를 한 후 하사치도로 건너가니, 섬은 농촌마을에 가까운 인상이다. 대부분이 낮고 평편한 지형, 농경지가 땅을 채우고 간석지가 섬 주변을 두르면 그저 보여줄 것도 내세울 것도 없는 일상의 섬 하사치도. 마을로 들어서자 여느 섬과 다름이 없이 드문드문 폐가가 눈에 띈다. 마을 한복판에는 섬개구리의 신화가 탄생했던 사치분교 자리가 있다. 이 분교는 2000년을 마지막으로 폐교되었고 현재는 마을회관과 노인회관으로 사용중이다.

노인회관에 들어 어르신들께 인사를 드리니 어디서 왔느냐며 반겨주시고 점심으로 호박죽을 해 드셨다며 김치와 함께 한 봉지 넉넉히 담아주셨다. 우리 또래를 보면 자식 생각도 나고 무언가 하나라도 내어주고 싶은 것이 섬 사는 마음인가보다.

"물 들어오기 전에 어여들 건너가."

수낭을 마저 채우고 돌아나오는 문턱에서 오래오래 건강하시라는 마음을 전해드렸다.

섬 사이에 바다가 놓이다

상사치도의 서북쪽 해안은 모래해변이 비교적 넓고 길게 펼쳐져 있다. 지도상에는 '상사치도해수욕장'이라고 되어 있지만 바다 쪽으로 갈수록 모래 입자가 굵어 이곳에서 해수욕을 즐기려면 샌들이나 아쿠아슈즈는 필수겠다. 해변 한쪽에 김 양식장이 있다. 규모가 크지는 않지만 이곳의 해풍이 김의 건조를 돕고 적당히 간을 배게 해줘서 양식에 도움이 된다고 한다.

바닷물이 채워진 갯벌은 하늘을 닮아가고 담담했던 풍광도 색을 찾아간다. 제방이 점차 물아래로 사라지더니 상사치도와 하사치도 사이에는 제법 커다란 바다가 놓였다. 섬은 비경을 만들어가는 재주를 가졌고 언제든 어느 계절이든 그 감동은 지켜본 사람만의 것이다.

물 덮인 갯벌을 배경으로 설영을 하고 하룻밤 머물 채비를 했다.

일행 중 한 명이 중화요리를 만들어보겠노라 했다. 백패킹의 열악한 환경 때문에 모두가 별 기대는 하지 않는 눈치였지만 얼마 후 우리 앞에 놓인 동파육과 유린기는 잘나가는 중국집에 비교해도 손색없는 것이었다. 버너와 코펠, 경량 프라이팬만으로 만들어냈음을 감탄하기에 앞서 그 많은 재료들을 준비하고 꼼꼼히 패킹해온 그의 마음이 무엇보다 고마웠다. 때론 한 사람의 정성이 함께한 이들의 기쁨이 되고 조금 더 젊어진 무게가 보람 있는 것이 단체 캠핑의 묘미일지도 모르겠다.

가거도

주소
전라남도 신안군 흑산면

즐길 것
가거8경, 독실산 트레킹,
가거등대, 김부연하늘공원,
섬등반도

야영지
동개해수욕장 부근,
김부연 하늘공원,
항리마을 폐교터

가는 길
목포항 → 가거도 08:10 (4시간)
가거도 → 목포항 13:00 (4시간 12분)

문의/안내
남해고속 061-244-9915
동양고속페리 061-243-2111
목포연안여객선터미널 061-240-6060

독실산 트레킹
1코스 가거도항-샛개재-달뜰목(4.2km/2시간)
2코스 제1벙커-삼거리-독실산(3km/1시간 30분)
3코스 독실산-가거도 등대(3km/1시간 30분)

맛집
섬누리민박 061-246-3418
중앙식당민박 061-246-5467

캠핑 TIP

가거도와 만재도 두 섬은 한번에 탐방하는 것이 좋다. 가거도 2박, 만재도 1박으로 하여 최소 3박 4일 이상의 일정을 추천한다.

아름다운 섬 가거도

가거도는 목포에서 직선거리 136km, 뱃길로는 무려 230km나 떨어진 멀고먼 섬이다. 목포항에서 쾌속선을 타고 4시간 정도 가다보면 파도와 해풍이 만들어놓은 웅장하고 시원한 수직절리의 경관이 보이는데 그 섬의 관문을 지나면 국토의 서남단 끝섬, 가거도가 나타난다. 옛 서적을 보면 이곳은 아름다운 섬이라는 뜻의 가가도(嘉佳島, 可佳島)라 표기되었으나 나중에 '가히 살 만한 섬'이라는 뜻의 가거도라 이름 붙여졌다.

우리는 끝을 향해 간다

목포연안여객선터미널에서 출발한 배에는 사람뿐만 아니라 섬으로 가는 물품 보따리가 한가득이다. 배는 중간쯤 가다 흑산도에 서서 목포에서 한가득 싣고 간 짐을 내린 후 또 그만큼의 짐을 싣는다. 홍도나 가거도에서는 이곳 흑산도에서 생활용품을 조달한다. 그러므로 섬을 향해 먼길을 떠나는 것은 비단 사람뿐만이 아닌 것이다. 배에 탄 사람들이 어떤 여정을 위해 섬을 향해 가고 있다면 배에 실린 물건들은 섬에 살고 있는 사람들을 향해 가고 있는 셈이다.

 가거도는 1구, 2구, 3구 총 3개의 마을로 나뉘어 있는데 1구 마을을 '대리', 2구 마을을 '항리', 3구 마을을 '대풍리'라고 한다. 그중 여관, 식당, 슈퍼, 학교 등이 들어서 있는 1구 마을에 가거도 주민 대부분이 살고 있다. 그러나 가거도에는 흔한 농어촌버스나 택시 한 대 없다. 그래서 섬을 둘러보려면 개인이 가지고 있는 트럭 등을 얻어 타거나 아니면 걸어야 한다.

자연 그대로 보존된 독실산

선착장에서 샛개재라 불리는 삼거리까지, 대략 1.5km는 오르막의 연속이다. 길은 가파르고 오래 걸어야 하므로 체력 안배에 유의해야 한다. 마침내 샛개재에 닿으면, 한쪽 길은 신안섬 중 가장 높다는 독실산으로 향하는 등산로로 이어지고 한쪽 길은 섬 중턱을 따라 항리마을로 이어진다.

독실산으로 향하는 등산로를 오르는 길은 자연이 그대로 보존된, 흡사 정글 같은 느낌이다. 독실산의 숲은 주로 후박나무로 이루어져 있는데 이 난대수림은 그 자체의 자연스러움이 유지되고 있는 곳으로 보전해야 할 가치가 높은 숲이라는 평가와 함께 산림청에서 선정한 '아름다운 숲' 대상을 수상하기도 하였다.

독실산 정상은 1년 중 쾌청일수가 70일에 불과하다. 그래서인지 거의

구름이나 해무에 싸여 있는데 맑은 날이면 제주도의 한라산이 보이고 중국에서 닭 우는 소리가 들려온다고 한다.

가거도를 가장 효율적으로 구경하기 위해서는 배를 타고 3구 대풍리로 이동하여 등대를 거치고 독실산 산길을 탄 뒤 2구 항리마을로 내려와서 다시 해안도로를 따라 1구로 돌아오는 코스를 추천한다.

가거도 등대

1907년에 세워진 가거도 등대는 오래전 가거도 아이들이 소풍을 다니던 곳이다. 북쪽 해안 끝 산중턱에 자리잡고 있는 새하얀 등대는 그 자체만으로도 존재감이 느껴진다. 등대에서 2구인 항리까지는 대략 1시간 30분 정도가 걸리지만 태풍으로 나무가 쓰러져 길이 훼손되거나 또는 풀들이 무성히 자라나 길을 덮으면 자칫 길을 잃기 십상이다.

항리의 섬등반도

공룡의 척추 모양을 지니고 100m 높이의 해안절벽이 가파르게 솟아 뻗은 섬등반도는 언뜻 굴업도의 개머리언덕을 연상케 한다. 개머리언덕이 유려하고 풍만한 굴곡을 가지고 있는 데 반해 섬등반도는 흡사 꿈틀대는 힘줄과도 같은 거친 모습이다.

가거초등학교 항리분교는 1960년 설립되었다가 1998년 폐교되었다. 잡풀이 무성한 학교 운동장과 바닷바람에 깨진 교실 유리창, 그리고 색이 벗겨지고 흉물스럽게 변한 소년소녀의 동상이 쓸쓸하다. 폐교 한가운데 서 있자니 오래전 아이들의 재잘거림과 세월이 부식시켜놓은 흔적이 덩어리째 와 닿아 잠시 시간여행을 다녀온 듯 아득함을 느꼈다.

섬등반도를 내려와 다시 항리마을로 오르면 낡고 오래된 폐가들이 눈에 들어온다. 젊은이들이 섬을 떠나자 아이들이 보이질 않고 늙고 병든

이마저 세상을 등지면 남겨진 것이라고는 흘러간 세월의 자투리와 빈집 뿐이다.

돌아오는 길에는 샛개재에서 가거도의 또하나의 산인 화룡산을 보았다. 혹자는 이곳에 바라본 섬의 전망이 가장 수려하다 한다. 삐걱이는 데크에 걸터앉아 해가 지는 풍경을 보고 있자니 그 말에 절로 고개가 끄덕여진다.

이곳은 대한민국에서 해가 가장 늦게 진다는 서쪽 끝섬. 나는 오늘, 가장 마지막까지 해를 지켜본 사람이 되었다.

동개의 미끼낚시

동개해수욕장 자갈밭에 설영을 하였다. 가거도의 밤은 고요하다. 파도가 밀려들고 말려가며 몽돌을 더듬는 소리에 상념이 녹아든다. 가거도의 야영지로는 이곳 동개해수욕장 주변과 김부연하늘공원, 그리고 항리마을의 폐교가 좋겠다.

다음날 아침, 숙영지 뒤편 전망대와 능선으로 이어지는 김부연하늘공원을 산책하고 내려오는 길에 할아버지 한 분이 동개를 향해 걸어가는 것을 보고 뒤를 따랐다. 할아버지께서는 오징어나 죽은 생선을 돌과 돌 사이에 숨겨 눌러놓으면 파도가 밀려들었을 때 미꾸라지 같은 작은 물고기들이 붙드는데 그것을 잡아 낚시 미끼로 사용한다고 하셨다. 섬사람의 지혜는 이렇듯 참 다양하고 제각각이다. 잔잔한 바다를 보니 돌아가는 길의 멀미 걱정은 덜어도 될 듯하다.

만재도

주소
전라남도 신안군 흑산면

즐길 것
트레킹, 낚시, 홍합·거북손 채취, 짝지해변

야영지
짝지해변

가는 길
목포항 → 만재도 08:10 (6시간)
만재도 → 목포항 14:00 (3시간 12분)

문의/안내
남해고속 061-244-9915
동양고속페리 061-243-2111
목포연안여객선터미널 1666-0910
신안군 문화관광과 061-240-8357
흑산면사무소 061-240-4008
청정마을 만재도 061-273-2653

인내 끝에 만재도

목포에서 아침 8시 10분 쾌속정에 오르면, 도초, 비금도, 흑산도, 상태도, 하태도를 거쳐 우리나라 서남 끝섬 가거도에는 12시가 넘어서야 도착한다. 배는 가거도에서 40~50분 정박 후 오후 1시가 되면 마지막 섬인 만재도를 향해 출발한다. 만재도는 목포를 기준으로 가거도보다 가깝지만 크기가 작고 주민 수가 적다는 이유로 항로의 뒤편으로 밀려나 무려 6시간의 지루함을 인내해야만 발을 디딜 수 있다.

태풍을 피하기 위한 섬 주민의 지혜

만재도는 큰 배가 정박할 수 있는 선착장을 가지고 있지 않다. 쾌속선이 멀찌감치에서 속도를 줄이면 종선이 다가와 선두를 비벼대고 뭍으로 가 섬으로 오는 사람과 짐을 내리고 또 옮겨 싣는다.

만재도는 크기가 0.6km²에 지나지 않는 작은 섬. 배에서 내려 둘러보면 자그마한 어촌마을과 바다와 섬이 어우러져 있다.

마을로 들어서면, 다닥다닥 붙은 골목 사이 촘촘한 돌담이 미로를 만들어내는데, 섬 전체가 암석지형이라 집터라도 만들어내려거든 무수히 파내고 옮기고 또 쌓기를 반복해야 하였을 터. 그 고된 정성 덕에 매년 몇 차례씩 섬을 훑고 지나는 태풍에도 돌담은 사이사이 바람길을 내어주며 마을을 지켜온 굳건한 방패막이 되었다.

뭍과 멀리 떨어진 섬이 다 그렇듯이 만재도 역시 자체 발전소를 가지고 있다. 그 발전소 옆길로 해발 177m의 마구산으로 오르는 산책로가 조성되어 있어 조금씩 오르다보면 해식애와 해안절벽으로 이어지는 기막힌 풍광에 저절로 탄성이 난다. 산책로는 결국 등대에서 멈춰 서는데, TV프로그램 〈삼시세끼〉에서 차승원이 아버지 제사를 드렸던 곳이기도 하다. 또한 몽돌해변(짝지해변) 뒤편으로 주상절리의 장관이 펼쳐진다.

귀한 섬, 아름다운 풍경

만재도를 찾았던 윤석호 감독은 섬의 수려함에 마음을 빼앗기고 그의 계절 시리즈의 완결편 〈봄의 왈츠〉의 배경을 만재도로 삼으려 했지만 너무도 먼 섬이라 결국 주무대를 청산도로 옮기게 되었다고 한다. 해안선 길이가 5.5km에 불과한 만재도는 남북으로 뻗은 산지와 동서로 가로놓인 산지가 중앙 저지로 이어져 크게 T자형의 형태를 이룬다. 큰산, 앞산, 물생산 등 큼직하게 붙여놓은 이름이 무색하게 만재도를 돌아보는 데는 한나절이 채 걸리지 않는다.

봄볕의 온기가 사라질 때쯤이면 물색도 어두워지고 방파제도 마을 어귀도 휑해진다. 그 덕에 바다를 송두리째 얻었지만 쓸쓸한 마을의 불빛과 몽돌 위를 오가는 가녀린 철썩임에 한없는 외로움이 밀려든다. 그래도 시간이 지나고 다시 떠올리면 못 견디게 그리워질 귀한 섬의 밤이다.

섬 주민들의 일과

아침이 되자 걱정거리가 하나 생겼다. 남은 식량이라고는 달랑 라면 하나. 섬에는 변변한 식당 하나 없고 슈퍼라고 불리는 곳이 딱 한 곳 있는데 주인이 목포에 나가 있다고 한다.

섬 주민들은 아침이 되면 작은 어선을 나눠 타고 근처 섬들을 헤집어 엄청난 크기의 홍합과 다시마 등을 채취하는 것으로 하루를 시작하고 오전 일이 끝나면 온종일 홍합살 꺼내놓는 일이 일과이다.

겨우내 주민들은 섬을 비운다. 전복, 미역, 홍합 등을 거둬들여 살아가는 사람들에게 겨울은 참으로 길다. 목포 등지에서 한 계절을 보내고 다시 섬으로 돌아오면 봄의 섬은 활력이 넘친다. 그들의 어깨와 허리는 또다시 일상의 무게로 휘청이지만 그래도 벌이가 쏠쏠하니 입가에는 미소가 가득하다.

거북손 채집

바다 가운데 멀리 떨어져 있어 '먼데도'라고도 불렸고 재물을 가득 실은 섬, 해가 지면 고기가 많이 잡힌다 하여 만재도라 불렸단다.

남쪽 해안으로 발길을 돌렸다. 바위틈을 살피다보니 거북손 밀집지역이 있다. 마땅한 장비가 없어 나이프 날이 무뎌지도록 긁고 또 손가락으로 파내보는데, 여간 어려운 작업이 아니다. 채취한 거북손은 일단 바닷물에 깨끗이 헹구어내고 코펠에 물을 담아 버너에 올린 후 삶아낸다. 잘 삶아진 거북손의 도톰한 부분을 벗겨서 속살을 당기면 쑥 빠지는데, 전복과 소라의 중간 정도 맛으로 부드럽고 쫀득한 것이 참으로 별미다. 홍합 몇 개를 넣어 우려낸 국물에 라면을 하나 넣고 물통에 조금 남아 있던 사케를 데워 곁들이니 배도 얼굴도 몸도 후끈거리는 것이 세상 부러울 게 없다.

청정마을 만재도

만재도 주민들은 '청정마을 만재도'라는 법인을 만들고 동명의 쇼핑몰을 통해 바다와 섬에서 채취한 귀한 식재료를 인터넷으로 판매한다. 갑오징어, 거북손, 홍합, 배말, 다시마, 돌미역, 가사리, 우럭, 열기, 장어 등 그 종류도 헤아릴 수 없이 많은데, 모두 자연에서 채취하여 깨끗이 세척 후 급랭한 것이라 섬 주민들의 정성과 바다의 맛을 고스란히 느낄 수 있다.

진도
완도

관매도

주소
전라남도 진도군 조도면

관매 8경
관매해수욕장, 방아섬,
꽁돌 돌무덤, 할미중드랭이굴,
하늘다리, 서들바굴폭포,
다리여, 하늘담벼락 바위

야영지
관매도 야영장

가는 길
진도항(팽목항) → 관매도
한림페리3호 07:00 09:50 조도고속페리 12:11
관매도 → 진도항(팽목항)
한림페리3호 08:20 14:20 조도고속페리 13:30
* 계절, 성수기별 운항 시간이 수시 변경될 수 있음

문의/안내
관매도 명품마을 www.gwanmaedo.co.kr
에이치엘해운(한림페리) 061-544-0833
서진도농협 조도지점(조도페리) 061-542-5383
관매도 야영장 061-542-1330
관매도 어촌계 061-544-3926
진도군청 관광문화과 061-544-0151

캠핑 TIP

국립공원 관매도 야영장은 동계에도 이용이 가능하다. 탐방객들을 위한 화장실이 개방되어 있고 개수대 역시 사용할 수 있다.

스쳐지나갈 수 없는 장면

관매도를 처음 만난 건, TV프로그램 〈1박 2일〉을 통해서였다. 화면을 통해 비치는 관매도의 경치가 기가 막히게 아름다워 TV를 보다 말고 지도를 펼쳐들고 거리를 가늠해보았다. 이곳에서 그곳까지는 생각보다 꽤 먼 여정이다. 그렇게 입맛만 다시던 찰나 눈앞에 스쳐가는 이미지가 하나 있었다. 바로 야영장 표지판. 멋진 야영장을 본 순간부터 그곳까지의 거리는 문제되지 않았다. 당장에 배낭을 꺼내고 관매도로 떠나기 위해 야영장비를 꾸리기 시작했다.

인간을 배려한 자연의 선물, 관매도

관매도 야영장은 선착장에서 걸어서 500m 정도 떨어진 거리에 있다. 시설은 모두 걸어서 5분 내에 있어 이용이 편리하다. 텐트를 설치하고 보니 뒤로는 400~500년 됨직한 곰솔나무들이 늘어서 있고 앞에는 푸른 바다가 펼쳐져 있다.

관매도에는 마실길이라는 작은 산책길이 있다. 길은 구석구석부터 섬의 곳곳으로 이어져 있는데 동네의 조그만 골목부터 높지 않은 언덕까지 길을 따라 걷다보면 관매도의 소박한 삶도 엿볼 수 있고 바다와 섬의 풍광까지 한눈에 둘러볼 수 있다. 게다가 곳곳에 작은 표시판이 있어 이곳 관광객들에게 길을 안내해준다. 직경이 7~8m는 족히 될 법한 꽁돌의 크기에 놀라고 그 배경으로 펼쳐지는 맑고 푸른 바다에 도시에서 꾹꾹 눌러두었던 숨이 탁 트인다.

관매 8경, 하늘다리

바다 뒤편의 작은 오솔길을 따라 올라가면 중심부가 칼로 잘린 듯 나뉘어 있는 높은 바위산에 이른다.

커다랗게 솟은 두 개의 바위산은 다리로 연결되어 있고 그 중심부에는 투명창이 설치되어 있는데 이곳이 바로 관매 8경 하늘다리이다.

돌을 던지면 10여 초 후에야 바다에 빠지는 소리를 들을 수 있을 정도로 깊다는 천길 아래 낭떠러지, 이 다리 위에 서면 파도가 넘실대는 바다 위로 언제든 쑥 빠질 것 같은 느낌에 가슴이 철렁하다.

심장의 문을 두드리는 고동 소리는 다리에 대한 믿음이 있기에 공포라기보다는 설렘에 가깝다. 그래서 다리 한가운데 있는 투명 유리 위에 서서 바다를 들여다보며 허공 위에 떠 있는 기분, 바다 위를 걷는 기분에 젖을 수 있다.

하트 모양의 데크

예전에는 마실길 여러 곳에, 음악을 연결해 들을 수 있도록 라디오가 포함된 오디오 장치를 만들어놓았지만 대부분 고장이 나서 치워버렸다고 한다. 괜히 추억 하나를 빼앗긴 기분에 오디오를 대신해 아는 노래 하나를 흥얼거리며 벗삼아 걸었다.

야영장으로 돌아와 뒤편 곰솔밭 사이로 걷다보면 여러 갈래의 산책길이 이어지고 길 곳곳에 우리 가락, 악기에 관한 체험시설을 설치해 한 번쯤 두들기고, 치고, 만져볼 수 있도록 해놓았다.

그리고 하트 모양의 특이한 대형 데크는 나무와 언덕으로 가려져 있어 바다를 직접 조망할 수 없어 아쉽지만 분지 형태라 강한 바람에는 분명 이점이 있어 보였다.

해가 저만치 뒷걸음친 사이 바닷가의 저녁은 뽀얀 물안개를 앞세우고 찾아든다. 온 바다에 가득 내린 황금빛 추억 사이로 바닷가를 거니는 연인들, 그리고 모래 장난을 하는 아이들이 보인다.

양웅준 항해사님

관매도에는 매표소가 따로 없고 승선권은 배 안에서 결제하는 방식이라 초행길에는 미리 정보를 알아오지 않으면 운항 정보를 얻기가 힘들다. 오후 1시 30분, 첫번째 배가 도착하자 모두가 그리로 승선한다.

'오후 1시 30분에 배가 들어가요. 그럼 첫번째 배를 그냥 보내고 꼭 두번째 배를 타세요. 내가 커피 한잔 대접할게요.'

전날 타고 온 배에서 내릴 때 항해사님이 한 말을 기억하고 홀로 덩그러니 남았다. 선착장에서 멀어지는 배를 바라보며 잠시 불안했지만 곧 다음 배가 모습을 드러내고, 활짝 웃는 항해사님의 얼굴이 보인다. 한 번 본 사람인데 오랜 친구처럼 반갑다.

"안 오시는 줄 알았어요."

"안 오긴 왜 안 와요? 왔잖아요. 허허."

그는 포도 한 송이를 먹으라며 내어주고는 다음 섬사람 마중에 또 바빠진다. 그는 경력 30년의 사진기자 생활을 청산하고 바다나 실컷 찍어보자는 생각에 나이 오십이 넘어 항해사 자격증을 취득했다고 한다. 매일같이 섬과 섬을 오가며, 그리고 비행사라는 또다른 꿈을 향해 도전하는 진정한 자유인. 짧은 시간 그의 이야기는 내 여정의 또다른 모티브가 되었다. 다시 이곳을 찾는 날에 소주 한잔 하자는 두번째 약속을 하고 팽목항에 내렸다. 다시 찾을 섬 하나와 그리워할 대상을 남겨두는 것. 이제 관매도를 생각하면 떠오르는 것은 야영장과 지도 한 장이 아니므로 나는 더 오랫동안 이곳을 되새기며 그리워할 것이다.

2013년 가을, 관매도

그후로 두 번 더 관매도를 찾았다. 그리고 첫 방문 때 만났던 양웅준 항해사님을 다시 만났다. 책갈피처럼 잠시 마음속에 담아두고 문득 꺼내보던 내 인연은 그간 선장이 되어 있었다.

그는 역시 자유로운 인생을 살고 있었다. 물론 비행사 자격증도 취득하고 사진을 찍기 위해 몇 달씩 중국 전역을 누비고 다녔으며 여수엑스포 때는 외국인 관광객들을 위한 유람선의 선장이기도 했단다.

가을을 맞아 팽목항은 섬으로 가는 사람들로 무척이나 붐볐고 관매도 역시 많은 트레커들과 관광객이 찾아들었다. 기존의 식당 외에 톳짜장면 집이 생겼는가 하면 민박을 하는 집들이 늘어났다. 또한 그곳에서 파는 쑥막걸리는 또하나의 관매도 명물이 되었다.

이제 아름다운 관매도는 캠핑, 트레킹, 여행을 좋아하는 사람이라면 누구나 한 번쯤 꿈을 꾸는 진정한 명품 섬이 되어가는 듯했다.

2015년 봄, 팽목항

1년 후 가을, 서거차도를 다녀오는 뱃길에 잠시 관매도에 들렀다. 1년 사이 관매도는 예전의 모습과 매우 달라져 있었다. 배를 기다리는 방문객은 손가락으로 헤아릴 정도, 세월호 참사의 여파로 섬을 찾는 사람들은 급격히 줄고 섬 경기도 예전만 하지 않다는 것은 잘 알고 있었지만 관매도는 생각했던 것 이상으로 너무도 썰렁했다.

해가 바뀌고 어느덧 세월호 침몰 사고 1주기였다. 사람들과 뜻을 모으고 40여 명이 함께 팽목항을 방문해 '잊지 않겠다는' 우리들의 마음을 전하였다. 그리고 관매도로 향했다. 좀더 많은 사람에게 섬을 알리고 예전의 모습을 찾는 데 작은 도움이라도 되었으면 하는 바람에서였고 사람들 모두 그 점을 공감하고 있었다.

작은 섬 음악회를 기획하였고 그것은 그저 참가자들을 위한 것에 지나지 않았는데 어찌 알았는지 주민들과 탐방객들이 찾아줘 야영장 무대 주변을 가득 채웠다.

그중에는 처음으로 섬 나들이에 나선 여고 동창생들, 중년의 부부 그리고 시아버지와 갓난아기를 안은 며느리도 있었다. 손과 손에 촛불을 들고 함께 노래 부르며 촉촉이 젖어갔던 그 밤, 무엇을 느꼈든 관매도에서의 하루는 그들의 마음속에 영원히 지워지지 않을 추억으로 남게 되리라는 것을 알 수 있었다.

가사도

주소
전라남도 진도군 조도면

즐길 것
해수욕(여름), 낚시, 등대 탐방, 동굴 탐방, 트레킹

야영지
돌목해변

가는 길
목포항 → 가사도
08:30 (섬사랑10호/신해5호, 4시간)
가사도 → 목포항
11:00
진도 가학항 → 가사도
08:00 12:00 17:00 (30분)

문의/안내
목포연안여객선터미널 1666-0910
섬사랑10호 선장 010-7160-3232
신해5호 선장 010-3646-4784
가사도 등대 061-542-5600
조도면사무소 061-540-6821

4·4·4의 여정

도시에 살다보면 늘 시간이 모자란다. 정신없이 흘러가는 시간, 그러다보니 막상 시간이 주어져도 뭘 해야 할지 그저 멍하기만 하다. 그러나 그 시간을 여행하는 일에 쓰고 싶다면, 오롯이 어딘가에 닿기 위해 시간을 모두 써버릴 수 있다면 가사도를 추천한다. 오래 기다리며 천천히 다가서야 하는 곳, 가사도는 그렇게 해야만 갈 수 있는 곳이다.

기차는 수원역에서 밤 11시 39분에 출발해 다음날 새벽 4시가 넘어서야 목포에 도착했다. 배는 8시 30분에 출발한다. 다시 4시간, 막막히 앉아 배가 뜨기를 기다렸다. 날이 밝아오자 섬으로 가려는 여행객들의 발걸음이 분주해지기 시작했다. 오늘의 목적지는 가사도, 서거차를 끝으로 하는 낙도보조항로의 12번째 기항지이며 4시간이 걸리는 섬이다. 상방구도, 중방구도, 양덕도, 주지도……. 배는 몇 번이나 멈춰 서고 다시 출발하기를 반복하고, 또 누군가는 내리고 탄다.

돌목해변

봄을 맞이한 섬은 눈이 시릴 정도로 푸르다. 초록색 새순과 노란 유채꽃이 가득한 섬을 마주하면 생명의 기운과 활력에 괜스레 뒷덜미가 붉어진다. 가사도에는 3개의 마을이 있는데 그중 돌목마을이란 곳에 작고 아름다운 해변이 있다고 해서 유채꽃 만발한 고개를 넘고 적적한 섬길을 돌아 찾았다.

돌목해변은 소박하지만 만입된 백사장이 곱고 아담한 곳이다. 해변을 따라 오밀조밀 세워진 파라솔은 대나무를 단단히 엮어 기둥을 세우고 볏짚으로 엮은 지붕을 얹은 것이었다. 해변 곳곳에 세워진 파라솔 아래에는 선베드가 놓여 있어 마치 남국의 어느 휴양지에 온 듯한 느낌이었다. 다만, 저녁 무렵 남부지방에 예보된 비 소식과 보름이라 만조 때 바닷물이 백사장 위로 많이 올라올지도 모른다는 우려 때문에 일단 텐트를 해변의 위쪽으로 피칭하고 상황을 지켜보기로 했다.

어쩌면 평범한 농촌 마을

가사도는 조도면 해역 중에 유일하게 다도해 국립공원에서 제외된 섬으로 오래전 〈1박 2일〉 '섬마을 음악회' 편에 소개되었다. 해류의 영향으로 1년에 반 이상 안개가 낀다고 하며 섬의 이름은 마을의 당산이 부처가 가사를 두르고 염불하는 모습과 닮았다는 데서 연유했다.

돌목마을을 나와 선착장을 다시 지나고 우측으로 이어진 길을 따라 고개를 넘으면 섬에서 가장 큰 마을인 가사마을에 들어서게 된다. 섬의 중심부에 위치한 탓에 마을은 어찌 보면 평범한 농촌과 다름없다. 게다가 관광지로 잘 알려진 섬이 아니라 식당이나 민박, 여관 등은 거의 찾아볼 수가 없다. 그러나 섬의 북동쪽 해안은 갯벌이 발달해 있어 갯벌에 발을 담그고 몇 군데 살살 파보면 바지락은 물론 낙지 한두 마리쯤은 능히

잡을 수도 있을 듯하다. 특히 가사도에서 생산되는 톳은 섬의 주소득원으로 품질이 좋아 일본으로 수출되기도 한다.

안개를 거두어가는 가사도 등대 그리고 또 등대

가사도 등대는 1915년에 처음으로 불을 밝혔다. 잦은 안개로 인해 부산이나 제주에서 인천, 목포 등으로 다니는 배들의 안전이 문제가 되자 유인 등대로 바꾸어 광력을 증강했고, 2010년에는 등탑을 새로 만들고 편의시설도 확충했다. 등대 주변은 '잘 닦여 있다'고 해도 좋을 만큼 정자와 탐방로 등이 깔끔하게 조성되어 있었다. 전망 데크에 올라 바라본 경치는 참으로 탁월하다. 탁 트인 바다와 그 위에 떠 있는 무인도가 함께 어우러지니 한 폭의 그림이 따로 없다.

형언할 수 없는 상쾌함에 얼마나 감탄하고 있었을까.

등대에서 키우는 듯한 개 한 마리가 있어 과자 몇조각을 던져줬더니 꼬리를 살랑이며 계속해서 뒤를 따른다. 잠시 장난을 나누다 작별을 고

하고 등대를 나서려는데 녀석이 앞장서 나선다.
 원래 사람에게 살가운 녀석인지 아니면 누군가가 그리웠던 탓인지, 좀처럼 돌아갈 기미를 보이지 않는 녀석의 목덜미를 쓰다듬다가 등대에서 만난 인연이라 하여 '등대'라고 이름 붙여주었다.
 '등대야, 내 텐트에 가면 맛있는 오징어 다리가 있는데 한 봉지 줄게.'
 돌아가는 길에 우리끼리 모종의 약속을 하고 기상을 살피니 오늘밤의 비 예보는 사라졌다. 오가는 사람 없는 섬의 귀퉁이 해변, 버섯전골을 끓이고 즉석밥 반을 말아 등대에게 내밀었더니 어찌나 잘 먹는지 그릇까지 씹어 삼킬 기세이다.
 함께 있으니 그리 적적하지도 않고 뭐라 말을 건네면 뛰어와 마구 문질러대는 통에 한참을 실랑이하다 또 웃기도 하였다. 화사한 달빛 아래 춤을 추는 바다, 그리고 옆을 지켜주는 등대, 우리들의 밤은 평화롭기만 하다.
 이른 아침, 해변으로 트럭 한 대가 들어왔다.
 차에서 내린 주민은 등대를 알아본 듯,
 "아가야, 네가 뭐 땀시 여기 와 있냐? 배고파서 왔냐?"
 꼬리를 흔들어 반기는 등대를 트럭에 태우고는 마을로 돌아갔다.
 다시 홀로 남은 해변, 신해5호 선장님께 전화를 걸었다.
 "여기 가사도인데요, 목포 나가려고요, 몇시쯤 오시죠?"

서거차도

주소
전라남도 진도군 조도면

즐길 것
섬 트레킹, 바다낚시

야영지
마을 주변 공터, 섬 서편 구릉

가는 길
목포항 → 서거차도
섬사랑10호/신해5호 08:30
팽목항 → 서거차도
섬사랑9호 09:00 한림페리3호 09:50
서거차도 → 목포항
섬사랑10호/신해5호 10:00
서거차도 → 팽목항
한림페리3호 12:30 섬사랑9호 14:00

문의/안내
에이치엘해운(한림페리) 061-544-0833
진도군청 관광문화과 061-544-0151
조도면사무소 061-540-6821
조도면사무소 거차출장소 061-540-6833

캠핑 TIP
침낭은 대개 배낭의 맨 아래쪽에 패킹하는데, 이 경우 침낭을 뒤집어서 안감이 밖으로 나오도록 하면 수축이 잘되어 부피를 좀더 줄일 수 있다.

거쳐 가는 섬으로 가는 길

관매도를 오가며 인연을 쌓은 후 이제는 가끔씩 소식과 근황을 주고받는 사이가 된 양웅준 선장이 섬 이야기 하나를 전해주었다.
"옛날 사람들이 제주도 귀양 갈 때 거쳐 가야 하는 섬이 있었어요. 관매도에서 30분 정도 더 남쪽으로 가면 그 섬에 닿아요."
눈부시게 파란 바다와 하늘이 있고 발길 닿는 곳곳이 절경이며 그곳의 미역으로 국물을 내면 사골처럼 뽀얗게 우러난다고 하였다.
그리고 그의 가장 가까운 친구가 살고 있다는 섬의 이름은 '서거차도'.
"서거차도에 가게 되면 내 친구를 꼭 찾아요."
이 계절이 지나면 다음해까지는 좀처럼 기회가 없을지도 모른다. 수원역에서 목포까지, 목포에서 진도로 이어지는 빡빡한 여정을 견디어내고 팽목항을 다시 밟았다. 팽목항에서 이틀에 한 번씩 출항하여 조도를 경유해 맹골도, 죽도까지 오가는 섬사랑9호, 그 배에 오르면 목적지인 서거차도까지는 3시간이 걸린다.

온화한 바다색을 닮은 계절

바다는 온화하고 색은 계절을 닮아 있다. 서거차도에 닿자 정말 큰 바다를 건너온 듯 모든 것이 낯설다. 너무나 멀리 온 탓일까. 잠시 마음을 진정시키고 양선장님이 전해준 대로 친구분께 전화를 드렸더니 얼마지 않아 등대 너머 작은 어선 한 척이 보이기 시작했다. "조심해서 올라타쇼" 하는 다소 무뚝뚝한 인사와 함께 배는 다시 바다로 향하고 어색한 침묵

속에 잔잔한 물결을 가르며 섬 주위를 돌아간다.

이곳의 바다는 일찍이 보았던 것과는 사뭇 느낌이 달랐다. 훨씬 더 진한 색을 띠고 있었으며 그 깊이조차 가늠이 되지 않았는데 한참을 들여다보고 있자니 섬뜩하기까지 하였다.

"멸치회 드셔보셨소? 여기서 아니면 못 먹는 것이랑께요."

배 안에 있는 냉장 저장고를 열자 족히 20cm는 되어 보이는 커다란 멸치들이 가득히 있다.

멸치의 비늘을 긁어내고 살점을 떠내는 동료 어부의 손길이 분주하다. 빛깔 좋은 멸치회를 앞에 두고, 선착장 슈퍼에서 사 온 소주를 꺼내 권했다. 술잔을 넘겨받아 재빨리 한잔 털고 먹어보니 생각했던 것보다 식감도 쫄깃하고 무척이나 담백하다. 낚싯줄에서는 연신 학꽁치가 따라 올라왔다.

가을이 꺾이면서 해가 무척 짧아졌다. 선착장을 둘러싼 아랫마을 마을회관 앞 공터에 설영을 하고 화장실 등 회관의 편의시설을 이용하기로

했다. 몇 걸음 나서면 슈퍼도 있고 지나는 주민들도 가끔씩 말을 걸어주는 전혀 외롭지 않은 사이트. 선장님의 친구분은 자신의 집에서 묵을 것을 권유했지만 정중히 사양하고 몇 번이나 감사하다는 말씀을 드렸다.

해양경찰선의 행렬

세월호 사고 이후 섬의 모든 낚싯배는 구조와 수색에 동원되었다. 지금도 사고 해역 주변을 하루에 몇 번이고 돌고 오는 것이 주된 일과라 한다. 그때 유출된 기름에 소중한 미역밭을 잃었음에도 온 주민이 달려들어 구조된 학생들을 보살피고 또 사고 해역을 돌며 수색을 도왔다. 지금도 구조에 힘을 더 보태지 못한 것에 대해 죄책감을 안고 산다 했다. 밤이 되자 사고 해역에 나가 있던 해양경찰선들이 줄을 지어 선착장으로 들어오고 그 행렬은 밤이 깊도록 길게 이어졌다.

다음날 아침, 지나는 주민들은 섬 구경을 잘했느냐는 인사에 덧붙여 레이더기지에도 가봤냐는 말을 빠뜨리지 않았다. 도대체 레이더기지가 무엇인가싶어 다시 트레킹에 나섰다.

모래미마을

서거차도에는 크게 3개의 마을이 있는데 윗마을 아랫마을 그리고 작고 예쁜 해변을 가지고 있는 모래미마을이다. 어촌의 오래된 집들 사이 산길을 따라 20여 분 오르면 사방이 탁 트인 섬 전망과 봉수대 너머 파란 물감을 풀어놓은 듯 층층이 아름다운 바다가 보인다.

진도 VTS(해양교통관제센터)는 도초도와 가사도, 서거차도, 하조도, 어란진 등 다섯 곳에 레이더국을 설치하고 우이도 중계소를 거쳐 진도 앞바다에 떠 있는 주요 선박을 체크한다고 한다. 멀리 보이는 섬이 맹골도, 그리고 유난히 파랗게 보이는 곳이 우리나라에서 울돌목 다음으로 유속

이 세다는 맹골수로이다.

  모래미마을 어귀에선 장어잡이 주낙에 낚싯바늘 꿰는 작업이 한창이다. 한데 모여 이런저런 이야기를 나누다보면 외로움도 덜고 일당도 쏠쏠하니 섬 일로는 이만한 것도 없다.

섬도 사람도 하룻밤을 함께하면

배 시간이 되자 슈퍼 주인은 가게문을 닫아걸고 선착장 끝머리에서 승선권을 매표하기 시작한다. 그의 1톤짜리 화물 트럭이 간이 매표소가 되는 순간이다.

  섬도 사람도 하룻밤을 함께하면 배로 정이 드는 법, 다시 만날 기약은 없어도 늘 애틋함은 남아 있다. 여객선이 동거차도에 닿자 군인 몇명이 배에 오르고 거차군도를 빠져나왔을 때 병풍도 앞바다 사고 해역이 눈에 들어온다.

바다 날씨는 기온이 떨어질 때를 조심해야 한다. 어제보다 쌀쌀하고 바람이 좀 분다 싶었는데 아니나 다를까 거차도에서 관매도 사이의 바다로 나서니 별안간 물살이 세어지고 파도가 높게 올라 뱃전에 강하게 부딪히는데 그 덕에 여객선이 좌우로 흔들리며 요동을 친다.

아마도 다음날 운항은 장담하지 못할 듯한데 맹골도 너머 곽도로 간다 했던 낚시꾼 어르신이 걱정된다.

소안도

주소
전라남도 완도군 소안면

즐길 것
맹선리 상록수림,
미라리해수욕장,
소안항일운동기념관,
가학산 트레킹

야영지
부상리해변, 미라리해변

가는 길
완도 화흥포항 → 소안도
첫배 6:40 막배 18:20
(1시간 간격 12항차 / 피서철 22항차)
동절기(10월~3월) 첫배 7:00 막배 17:10

문의/안내
소안면사무소 061-550-6541
완도군청 문화관광과 061-550-5224

아빠 어디가?

"태윤아, 우리 캠핑 갈까?"

"누구랑 가?"

"너랑 아빠 둘이서."

"그래? 가지 뭐."

잠시 머뭇거리다 선심 쓰듯 말하는 태도가 못마땅했지만 혹시나 마음이 변할까 내색 않고 배낭을 꾸리기 시작했다. 그러고 보니 아들과 둘만의 캠핑은 참으로 오랜만이다.

비로소 안심할 수 있는 섬

제주, 추자, 청산, 모도, 야서, 생일, 덕우, 황제 등 대부분의 여객선은 완도여객선터미널에서 출항하지만 보길, 노화, 소안 방향은 화흥포항을 이용해야 한다. 오래전 소안도는 제주를 오가기 위해선 반드시 거쳐야 하는 길목과 같은 섬이었다. 제주를 벗어난 바다가 너무도 크고 거칠기 때문에 뱃사람들은 소안도에 도착하고서야 비로소 안심하게 되었다는데 '소안(所安)'이란 지명은 그로 인해 유래되었다.

이번 캠핑에는 차량을 동반하였다. 인구수가 3,000명에 면적만 해도 여의도의 3배에 달하는 섬이라 대중교통을 이용하였다면 찾아오는 과정도 만만치 않았겠지만 섬 안에서의 이동도 택시나 뜸하게 운행되는 농어촌 순환버스에 의존할 수밖에 없었을 것이다.

소안도는 남쪽과 북쪽의 두 개의 섬이 길이 1.3km 폭 500m의 사주로 연결되어 있고 해안을 따라 일주도로가 이어져 있어 길을 따라 달리는 것만으로도 섬이 자랑하는 풍광들을 차례로 만날 수가 있다.

후박나무를 비롯하여 다양한 나무들이 길이 500m의 숲을 이루는 맹선리 상록수림에 잠시 머물다 가까이는 보길도부터 섬과 섬을 넘어 멀리는 추자도의 모습까지 조망이 가능하다는 몰치기미전망대에 차를 세웠다. 한적한 바다, 그리고 수평선 위에 유유자적 떠 있는 평화로운 섬 풍경, 한참을 바라보며 눈에 익히고 또 마음에도 담아본다.

꺼지지 않는 민족혼, 항일의 성지 소안도

소안도는 일제강점기에 함경도 북청, 경상도 동래와 더불어 3대 항일 운동지로 유명하다. 이곳 사람들은 독립운동을 하다 투옥된 동료들과 고생을 같이하자는 의미로 한겨울에도 이불을 덮지 않았다고 하며 그 정신을 계승하고자 2012년부터 주민들이 자발적으로 참여하여 15개 마을 모두 하루도 빠짐없이 집집마다 태극기를 걸어놓고 있다고 한다. 섬의 동쪽 소안도 사주 위쪽으로는 '소안항일운동기념관'과 '기념탑'이 세워져 있다.

  2005년 복원된 사립소안학교는 소안 사람들이 돈을 모아 세웠으며 1927년 일제에 의해 폐쇄될 때까지 항일의 정신적 산실이었다 한다. 당시 소안학교 교사였던 이시완 선생이 지은 노래의 가사에서 해방의 섬 소안도의 역사와 울분이 고스란히 느껴지는 듯했다.

> 떠난다 떠나간다 나는 가노라
> 세월의 꽃동무를 남겨두고서
> 쌍죽에 맺은 마음 깊고 굳건만
> 내분을 못 이겨서 나는 가노라

미라리상록수림과 몽돌해변

한때는 '신작로'였을 낡고 색 바랜 아스팔트길, 고개 하나 넘으면 영락없이 마을이 하나 펼쳐진다. 부상리마을과 그 해변을 돌아보고 고개를 넘으면 해안가를 따라 밤나무며, 생달나무, 후박나무, 동백, 해송 등이 빼곡

히 들어선 미라리상록수림을 만날 수 있다. 예로부터 마을 사람들은 이곳에서 안녕과 풍년, 바닷일의 안전을 바라는 제사를 지냈으며 거친 바닷바람으로부터 마을과 농경지를 보호하는 등 자료로서의 보존가치를 인정받아 천연기념물로 지정되었다.

 물과 인심 그리고 인물이 아름다운 곳이라 하여 붙여진 미라리, 눈앞에 펼쳐지는 이름 그대로의 해변과 숱한 세월 바다를 구르며 곱게 다듬어진 맥반석 몽돌 위에 텐트를 피칭하였다. 이곳은 섬마다 트레킹, 등산 코스가 잘 정비되어 봄가을 주말이면 선착장이 북적거린다고 한다. 남쪽 섬의 날씨는 참으로 온화하다. 바람도 잔잔한데다 U자 형으로 만입된 바다에는 파도마저 들지 않으니 참으로 호수 같은 광경이다.

아들과의 시간

태윤이가 텐트에 들어가 따뜻한 햇살에 낮잠을 자는 동안 홀로 한가로운 남도의 오후를 즐겨본다. 그러다 해가 질 때 즈음엔 일몰을 보기 위해 오전에 잠시 들렀던 물치기미전망대를 다시 찾았다. 화려하지는 않지만 느끼고 만끽하기에는 부족함이 없는 해넘이, 섬과 섬 사이에선 잠시 시간이 멈추는 듯하였고 먼길을 찾고 또 기다리며 맞은 소중한 순간이기에 감동의 색은 더욱 깊고 진했다. 숙영지로 돌아와 쿨러에 있는 재료로 성의를 다해 밥상을 차려냈다.

"아빠는 정말 요리를 잘하는 것 같아."

세상 사는 법을 깨우쳐가는 녀석의 입에 발린 소리가 싫지만은 않다. 부자지간에 나눌 이야기가 이리도 많았는지, 밤새도록 웃음소리가 끊이지 않을 것만 같았다. 몽돌 구르는 소리가 점차 커져가고 아이가 노곤해하기에 물을 끓여 유단포에 담아 녀석의 침낭 안에 넣어주었다. 금세 숨소리가 커지는 것을 보니 고단했던 모양이다.

남창풍물어시장

꺼내놓은 장비도 많지 않았지만 태윤이의 도움이 있어 수월하게 철수할 수 있었다. 끄물거리는 날씨와는 다르게 몸은 가볍고 마음은 상쾌했다.

대교를 건너고 완도를 빠져나오면 바로 해남땅 북평면 남창리, 그 초입 우측으로 남창풍물어시장이 5일마다(2,7일) 열린다. 때마침 장이 열리는 날이라 유통단계를 거치지 않고 직접 바다에서 채취하고 잡아온 싱싱한 해산물이 시장에 가득하다.

생선 몇 마리 고르고 함박웃음을 지으시는 어르신도 정성껏 손질해주시는 아주머니도 장이 열릴 때마다 구수한 세월을 차곡차곡 쌓아온 오랜 단골이자 정다운 이웃이다.

"건넛마을 광백이 딸이 담달에 결혼한답디다."

"소식 들었당께."

"요것 몇 마리 더 가져다 잡수쇼."

모두가 아는 사람인 양 정다운 대화가 오가는 풍물어시장이 태윤이는 마냥 신기하고 재미있는 모양이다.

흥정 끝에 자연산 농어 두 마리와 감성돔 한 마리를 사고 50,000원을 냈다. 생선의 피를 씻어내고 스티로폼 박스에 넣어 얼음을 채워 올라가면 가족들과 회를 떠 먹을 것이다.

"태윤아. 아빠는 너랑 함께 와서 정말 좋았는데, 너는 어땠어?"

아이는 대답 대신 나를 보며 씨익 웃어주었다.

소모도

주소
전라남도 완도군 청산면

즐길 것
트레킹, 낚시

야영지
폐교, 섬 뒤편 해변

가는 길
완도 → 소모도 06:10 14:50
소모도 → 완도 07:20 10:00

문의/안내
해광운수 061-535-5786
청산면사무소 061-550-6495

캠핑 TIP

마을회관이나 노인정 등은 대부분 개방되는 시설이다. 물과 화장실이 필요할 때는 이곳에서 도움을 얻도록 한다. 운이 좋으면 김치 등 밑반찬도 얻을 수 있으니 섬에서는 예의바르게 행동하는 것이 중요하다.

이른 아침 배낭을 둘러메고

완도항, 새벽 바다의 특유의 비릿함과 양볼에 스치는 차가운 바람에 남은 잠을 떨구고 배낭을 둘러멘다. 썰렁한 대합실 안으로 들어와보니 청산도, 여서도, 생일도, 덕우도, 황제도, 소안도, 노화도, 보길도 등 갈 수 있는 섬이 참 많기도 하다. 운항 정보를 살피며 서성이는데 "모도 가실 분 오세요" 하며 매표 시작을 알리는 직원의 목소리가 들렸다.

소모도, 대모도를 거쳐 다시 완도항으로 돌아오는 섬사랑7호의 배 시간은 6시 10분이다. 이 배는 완도의 아침 바다를 여는 가장 이른 여객선이며 '모북'이라 불리는 소모도까지는 대략 1시간 10분이 소요된다.

작디작은 섬, 소모도

전라남도 완도군 청산면에 속해 있는 소모도는 $0.78 km^2$의 면적에 인구 수 30명이 될까 말까 한 작디작은 섬이다. 이번에는 한의원을 운영하는 후배와 동행하였다. 그는 섬 어르신들에게 드릴 한방파스와 소화제 등 상비약을 준비했고 별도로 침도 놓아드릴 예정이다.

섬에 도착하여 배에서 함께 내린 목사님 내외분께 야영이 가능할 만한 장소를 여쭀더니 지금은 폐교가 되어버린 모북초등학교 자리를 소개해주셨다. 선착장에서 마을로 올라가는 길은 경사가 심하고 폭도 좁아서 배낭을 지고 오르려니 여간 힘든 것이 아니었다. 몇 번의 푸념과 하얀 입김을 쏟아낸 후에야 섬 허리를 두른 마을로 접어들 수 있었다.

이방인의 소식

폐교는 바다가 훤히 내려다보이고 완도와 신지도가 수평선 멀리에 오롯이 자리한 전망을 가지고 있었다. 폐교의 운동장은 주민들이 치자나 고추를 널어놓고 정자에 걸터앉아 오가는 배들을 무상히 바라보다 담배 한 모금 길게 빨고 쉬어가는 곳이 되어 있었다.

설영을 마치고 잠시 숨을 고르는 사이 노인회장님과 어르신 몇 분이 찾아주셨다. 인적이 드문 곳이라 섬을 찾은 이방인들에 대한 소식은 토요일 아침 공기를 깨우는 제법 요란한 얘깃거리였을 것이다.

마을의 몇몇 집에선 제주도에만 나는 것으로 알았던 감귤나무들이 눈에 띄었다. 완도 지역의 감귤은 바닷가 염분과 이 지역의 높은 일조량의 영향을 받아 당도가 높다. 농사 또한 증가 추세에 있다는데 모 방송의 인터뷰 영상을 찾아보고서야 그 이유를 알 수 있었다.

"가시가 없어 늙은 사람이 잘 딸 수 있고 멍청한 작물이라 심어놓으면 잘 열립니다."

선상님은 선수인갑소

마침 마을 친지의 결혼식이 있어 이장님을 비롯한 많은 주민들이 완도로 출타중이었다. 결국 침을 맞기 위해 마을회관을 찾아온 어르신은 할머님 두 분뿐이었다.

"선상님은 정말 선수인갑소. 어찌 이리 하나도 안 아프게 침을 놓으요?"
"할머님은 원래 여기 분이세요?"

다정한 질문 몇 마디에 할머니께서는 작은 섬으로 시집와 남편을 여의고 그 흔한 김 양식장 하나 없는 곳에서 갯일을 하며 어렵게 살아온 평생의 이야기를 펼쳐놓으셨다. 자식들 모두 뭍으로 보내고 남은 것이라고는 지독한 외로움과 이곳저곳 쑤셔대는 뼈마디뿐이라 하신다.

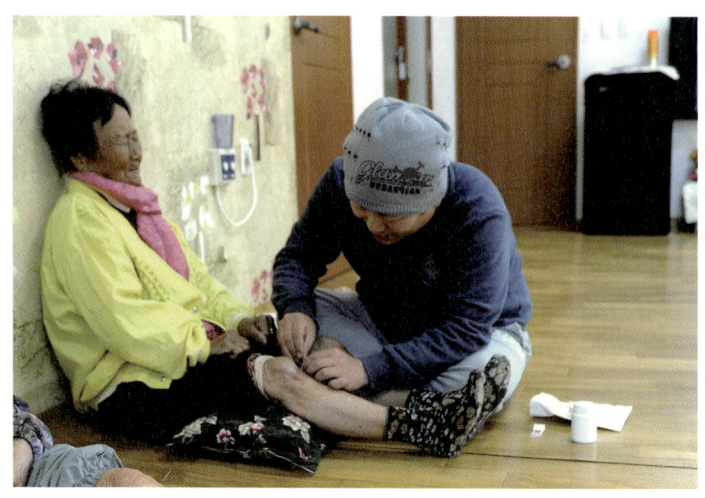

비록 많은 분들에게 봉사하지는 못했지만 최선을 다해 어르신들을 살펴준 후배가 자랑스러웠다.

한 조각 땅도 귀하게 쓰는 법

마을회관 화장실은 개방되어 있고 수돗물도 잘 나오고 있었지만 예전부터 식수로 사용했다는 학교 앞 우물은 지금도 귀하게 사용되는 듯하였다. 플라스틱 부표를 잘라 만든 바가지를 던져 넣으면 자동으로 물이 들어가 끌어올리기만 하면 되도록 만들었으니 섬사람들의 소소한 지혜에 고개가 끄덕여진다.

청산초등학교 모도분교가 세워진 것은 60년대 중반이다.

칠판 위에 희미하게 쓰여진 문소희, 배다슬란 같은 이름부터 낡은 책꽂이 속 우리들의 영원한 위인 에디슨까지, 세월의 흔적들이 교실 곳곳에 남아 있었다. 그런 장면들을 마주하면 나의 어린 시절도 속절없이 떠오른다.

마을길을 따라 피항장을 겸해 사용하는 작은 선착장으로, 그리고 다시 발걸음을 돌려오는 길에서 비스듬한 땅 조각이라도 귀하게 쓰는 법을 보았다. 소모도의 자연은 돌 틈, 지붕 위, 담벼락과 어우러지고 때론 모진 비와 바람을 함께 견디며 오랜 세월 공생하고 있었다.

바다에서 얻을 수 있는 것

무언가를 손질하고 계신 아주머니가 있어 다가가 여쭈니 군벗과 배말이라 한다. 나의 외할머니께서도 제주 바다 돌 틈에 붙은 그것을 따다가 일일이 딱딱한 껍데기를 긁어내시고 몇 나절 정성으로 만들어 육지에 사는 자식들에게 보내주셨던 것이 '군벗젓'이다.

아주머니 역시 누군가에게는 지극한 정성이고 또다른 세월이 흐르고 나면 돌이킬 수 없는 그리움이 될 것이다.

버너와 볼 깊은 프라이팬, 간단한 양식과 소주 한 병, 맥주 두 캔을 챙겨 길을 나섰다. 섬 뒤편 작은 해변으로 나들이를 갈 생각이었다.

지나는 동안 아궁이에 불을 지피는 할머니와 섬마을 붉은 지붕을 만났다. 우거진 풀숲 사이 우뚝 솟은 등대와 드문드문 펼쳐진 모래 위 크고 작은 몽돌들, 파도에 밀려와 널브러진 부유물들이 반겼다. 쓸모 있는 몇 가지를 골라 간단한 식탁과 의자를 만들어 앉으니 지난해 늦가을 고립되어 며칠을 갇혀 있었던 외연도 생각이 났다.

노인들의 섬, 소모도

저녁 무렵, 마을 어르신 한 분이 폐교를 찾아주셨다. 친구가 침을 놓아드렸던 할머니 한 분의 아드님이 고마움을 전하러 들렀다 한다.

"이 섬의 평균 연령이 몇 살쯤 될 것 같습니까?"

"글쎄요. 한 65세?"

"허허, 너무 약하게 썼구만. 78세올시다."

부녀회장님께 다음날 첫 배로 돌아갈 예정이라 말씀드렸더니 "아침에 그물을 걷어올 텐디 바닷거 좀 잡숫고 점심 배로 나가면 안 되겄소?"라며 섭섭해하신다.

동트기 전의 마을 선착장에 첫 배가 찾아들었고 소모도에서 내리는 이는 아무도 없었다.

여객선이 대모도의 모서선착장을 거쳐 모동선착장, 그리고 다시 완도항으로 돌아가면 짧은 여정도 서서히 마무리될 것이다. 분주한 부둣가의 아침을 두리번거리다 아내와 아이들 생각에 전복 몇 마리를 샀다.

보길도

주소
전라남도 완도군 보길면

즐길 것
세연정, 낙서재, 보옥산,
예송리갯돌해변, 공룡알해변

야영지
길도 중리, 통리해변,
예송리해변,
고산문학체험공원 주변

가는 길
땅끝(갈두) → 노화(이목)
06:40~17:50 (20~30분 간격)

문의/안내
보길 버스 061-553-7077 (청별선착장)
보길 택시 061-553-8876

보길도 트레킹
주봉(격자봉) 코스 : 청별항 → 광대봉 →
격자봉 → 망월봉 → 망끝전망대
남은사 코스 : 상수도수원지 → 선창리재 →
남은사 → 정자리
보길 하이킹 : 청별선착장 자전거 대여 12,000원

맛집
보옥민박 061-553-6650 (남도백반)
바위섬횟집 061-555-5613 (전복죽)

땅끝에서 보길도로

보길도로 들어가기 위해서는 완도 화흥포항 또는 해남 땅끝 갈두항에서 출항하는 여객선을 이용해야 하고 노화도에서 하선하여 연도되어 있는 보길대교를 건너야 한다.

지난번 소안도 캠핑 때 화흥포항에서 출항하는 여객선을 탄 경험이 있었기에 이번에는 다른 길을 이용해보고 싶어 땅끝 갈두항을 찾았다. 여객선도 약 1시간 간격인 화흥포에 비해 20~30분 정도로 자주 있는 편이다.

'해가 지는 섬' 흑일도, 말을 닮은 섬 마삭도가 흐릿하게 스치고 멀어지면 노화도 산양항에 도착한다. 면적이나 관광지의 명성으로는 보길도가 잘 알려져 있지만 인구수와 생활, 교육 환경은 읍 단위 섬인 노화도에 집중되어 있다. 때문에 캠핑에 필요한 소모품이나 식재료 등은 당연 노화 읍내에서 구입하는 것이 좋다.

이곳에 남은 수많은 아쉬움

보길도 중리해변은 청명한 하늘과 맑고 푸른 바다, 온화한 수심 그리고 크고 작은 섬들의 조화로 유명하다. 그러나 기대했던 모습은 우중충한 날씨와 칼날 같은 바닷바람에 무참히 아스라지고 야영지로 생각해둔 뒤편 솔밭마저 날아온 부유물에 어수선하다. 사정은 근처 통리도 마찬가지. 맑은 날이면 한라산이 어슴푸레 보인다는 이곳 역시 양식장 부표들이 해변을 차지하니 마땅히 캠핑 사이트를 둘 곳이 없다. 사실 잠을 자기 위해서라면 해변이 아닌 곳에 텐트를 펼칠 수야 있지만 굳이 해변을 고집하는 것은 섬 캠핑에서만 즐길 수 있는 탁 트인 시야와 그로 인한 여백의 미가 있기 때문이다.

상록수 방품림이 둘러싼 예송리해변에는 길이 2km에 달하는 몽돌해변이 펼쳐져 있다. 예송리해변은 보길도에서도 손꼽히는 풍광을 자랑한다. 그러나 이곳에서의 야영마저 축대공사를 위해 들어온 포클레인 두 대 때문에 아쉽게도 접어야 했다.

보길도의 도로는 순환되지 않고 세 갈래 길로 나눠지는데 그중 가운데 길을 따라 들어가면 곳곳에서 고산 윤선도를 기리는 유적지를 만날 수 있다.

윤선도를 추억하다

세연정은 고산 윤선도가 보길도에 머물면서 지은 정자로, 때때로 기생들을 거느리고 나와 질펀하게 마시고는 〈어부사시사〉를 부르게 했던 곳이라 한다. 전해오는 얘기에 따르면 윤선도가 보길도로 올 때 어린 종을 한 명 데리고 들어왔다 하여 노아도로 부른 것이 지금의 노화도가 되었단다. 윤선도가 머물렀던 보길도 사람들은 노화도를 노비의 섬이라며 업신여겼고 굴욕감을 느꼈던 노화도 사람들은 보길도를 향해 소변도 보지 않았다고 한다. 그러나 오랜 세월이 흐르고 이제는 보길, 노화 모두 전복 양식으로 부자 섬이 되었으니 과거의 얘기야 웃어넘길 만도 하겠다.

보옥마을 탐방

노화도 이목항으로 건너갔다. 대부분의 전복 취급점은 이곳에 몰려 있는 듯하다. 두어 군데를 돌며 흥정한 끝에 1kg 13~14미를 45,000원에 구입할 수 있었다.

보길대교를 넘어 서쪽 해안을 따라 달리면 보길도의 도로는 남쪽 끝자락 마을에서 끝난다. 그곳이 바로 보옥마을이다. '보옥'의 한자 뜻은 보리수나무. 이곳 사람들은 '뽀래리마을'이라고도 부른다 한다. 뾰족하게 생겼다 하여 뾰족산이라고도 하는 보죽산을 우측으로 끼고 바다를 향해 걸어 내려가면 바로 공룡알해변이 나타난다. 크고 작은 갯돌들의 동글한 모습이 마치 공룡알을 닮았다 하여 붙여진 이름이다. 이곳에 텐트를 펼치고 밤새 갯돌들이 파도에 쓸려 부딪치고 굴러 흐르는 소리를 벗삼아 색다른 캠핑을 즐기고 싶었지만 남쪽 바다 해수면을 타고 거침없이 날아드는 바람의 위력에 망연자실하고 만다.

세연정의 문학체험공원에서

하는 수 없이 왔던 길을 돌아나와 오전에 보았던 세연정 문학체험공원 옆 등산로 입구에서 하룻밤 신세를 지기로 했다. 시야가 막혀 답답하지만 둘러싸인 산 덕분에 그나마 큰바람은 피할 수 있었다. 개울에 나가 찬물에 손을 담그고 전복을 손질하였다. 칫솔로 검은 때를 벗겨내고 수저로 껍데기를 떼어낸 후 살과 내장을 곱게 분리한다. 전복죽을 만드는 동안에 생각해보니 쉽지 않은 길, 꽤나 먼길을 찾아왔지 싶다.

구름이 바람에 쫓기며 참으로 쏜살같이 달려간다.

여러 번, 수많은 섬 밤을 보내고도 캠핑이 늘 새롭게 여겨지는 것은 섬마다 같은 듯 서로 다른 정취가 있기 때문이다. 돌이켜보면 하루는 길었고 그 열정에 대한 보상은 언제나처럼 풍족했다.

여수

여자도

주소
전라남도 여수시 화정면

즐길 것
여자인도교 낚시, 트레킹,
마을 탐방

야영지
송여자도 폐교, 마파마을 창고 앞

가는 길
여천 시내 → 섬달천
93번 버스 이용 (1시간), 택시 9,000원
섬달천 → 여자도
08:40 11:30 14:30 18:10
여자도 → 섬달천
07:30 10:50 13:30 17:40

문의/안내
여자호 선장 010-4611-2160
교량낚시터휴게소 061-666-1116

섬달천과 여자도

여천 시내에서 섬달천선착장까지는 대략 12km, 버스가 자주 있는 편이 아니어서 택시를 이용하였고 요금으로 10,000원을 지불하였다.

여수시 소라면 서쪽에 위치해 있는 섬달천은 육지와는 240m의 다리로 연륙되어 있으며 이곳 선착장에서 하루 네 차례 여자도행 여객선이 오고간다. 여자도까지는 본래 소형도선이 운항해왔는데 관광객이 늘어나면서 2014년 7월부터 정원 47명 규모의 '여자호'가 취항되었다.

섬달천에서 뱃길로 30분 거리에 있는 여자도는 행정구역상으로는 여수시 화정면에 속해 있으며 고흥반도와 여수반도 사이의 여자만 내의 중앙에 위치해 있다. 여자만을 지도에서 찾아보면 아래에 둔병도, 조발도, 적금도, 낭도 등의 섬이 입구에 버티고 서 있는 형국이라 마치 커다랗고 둥근 호수의 모습으로 그려지는데 그래서인지 바람이 다소 강하게 불었음에도 바다는 잔잔했고 여간해서는 뱃길이 막히는 일도 없을 듯했다.

섬이 汝자 모양으로 배열되어 있으며 육지와 거리가 멀어 모든 생계수단을 스스로 해결한다 하여 自자의 이름을 가지게 되었다는 이야기도 있고, 섬의 높이가 낮아 파도가 능히 섬을 넘는다는 의미로 '넘자도'라 부르다 한자화하여 여자도가 되었다는 이야기도 있다. 여객선은 송여자도와 여자도의 마파마을 그리고 대동마을에 기항하는데, 아내와 나는 물탱크 설치 작업을 위해 들어온 인부들과 함께 송여자도에 하선했다.

숙영지를 찾아라

송여자도의 '송'은 원래 작다는 의미로 '소여자도' 혹은 예전 마을에 있던 커다란 소나무의 의미를 살려 '송여자도'라고도 한단다. 선착장과 마을을 벗어나니 송여자도와 여자도 사이에는 붉은색의 멋진 교량이 두 섬을 연결하고 있었다. '여자인도교'라 불리는 이 다리는 길이 560m, 폭 3m의

규모로 최근에 건설되었다.

여자도는 2014 행정안전부의 '찾아가고 싶은 섬'과 전라남도의 '가고 싶은 섬' 프로젝트에 선정되어 '설레는 생태 예술의 섬'이라는 테마로 2017년까지 대규모 예산이 투입되고 여자만의 섬, 갯벌, 생활문화와 연계하여 휴양관광자원으로 활용할 계획이라 한다.

여자인도교의 초입 광장에는 알파인 텐트 두세 동은 능히 들어갈 만한 공간이 있었지만 주민들의 통행에 방해가 될 듯하였고 안내표지판에도 '야영금지'라고 적혀 있어 이내 마음을 접었다. 교량 우측 해안을 따라 200m 정도 거리에 있는 폐교 운동장은 북향이라 바람의 영향을 많이 받고 흙먼지가 많이 날렸다.

결국 교사의 한쪽 벽면을 바람막이 삼아 텐트와 셸터를 피칭하고 나니 바다를 향한 멋진 전망을 기대했던 것과는 달리 다소 옹색한 모양새가 되어버렸다. 그래도 폐교의 화장실이 깨끗하게 유지되고 있다는 것은 다행스러운 일이었다. 마을에서 하루 한 번씩 나와 청소하며 관리하기 때문이라는데, 섬을 찾는 사람들을 위한 마을 공동체의 배려이며 가장 기본적인 투자라 생각되었다.

여자도 트레킹

인도교 위에는 2곳의 쉼터, 총 9곳의 낚시 공간이 마련되어 있는데 4월부터 10월까지 운영되며 체험료는 인당 3,000원이다. 계절별로 감성돔, 노래미, 도다리, 조기, 장어, 주꾸미 등 다양한 어종들이 잡혀 낚시꾼들에게는 제법 인기가 있으며 특히 다리에서 바라보이는 '검은여'는 최고의 갯바위 낚시터라 한다.

다리를 건너가면 언덕 위로 '교량낚시터휴게소'가 있는데 이곳은 섬에서 운영하는 시설로 간단한 음료나 주류, 라면 등을 구입할 수 있고 비교적 저렴하게 숙박할 수 있다.

　마파마을은 지형이 말머리 형상을 하고 있으며 남향에 여름철이면 마파람(남풍)이 많이 분다 하여 마파지라고도 한다. 화정면 여자출장소와 보건소가 있는 것으로 보아 섬 행정의 중심 마을이라는 것을 알 수 있었는데, 포구를 두른 낡은 가옥과 시설물 그리고 간혹 빈집도 눈에 띄는 마파마을은 대체적으로 어촌마을의 전형적인 모습을 가지고 있었다.

　여자도에서는 차를 볼 수 없다. 섬으로 들어오는 여객선에 차량을 실을 수 없고 인도교와 마파마을에서 대동마을로 이어지는 유일한 섬길은 좁은 숲 터널을 지나야 하므로 차량의 통행은 불가하다. 그래서 차 없는 섬을 걷는 느낌은 한적하고 여유로우며 무엇에든 방해받지 않을 수 있어 더욱 좋다.

할꼬밭해변과 바닷마을 학교

여자도의 주요 농산물은 마늘, 보리, 고구마 등으로 낮은 구릉을 따라 밭이 이어지고 여자만의 질 좋은 갯벌과 넓은 바다 덕에 꼬막 양식을 포함하여 낙지, 조기, 멸치, 문어, 전어잡이 역시 활발하게 이루어져 섬사람들은 예로부터 풍족한 생활을 누려왔다 한다.

　발전소가 있는 대동마을은 섬의 북쪽 끝에 자리하고 있다. 어찌 보면 평범한 어촌의 모습이지만 골목 담벼락 곳곳에 아름다운 시와 잘 어울리는 동화 같은 그림들이 그려져 있다.

　천천히 포구를 돌아 들어오면 자연스레 만나게 되는 작은 학교, 소라초등학교 여자분교장이 있다. 단출한 교사 앞으로는 잘 가꾸어진 잔디 운동장이 펼쳐지고 그 한 켠에는 커다란 느티나무를 둘러 쉼터를 만들었는데 그 조화가 앙증맞고 정감 가득하다.

　운동장 돌담 너머 고개를 내밀어보니 곧장 이어지는 바다. 파도는 연신 학교 담벼락을 두드리고 아이들의 재잘거림과 어우러져 최고의 자연학습장이 되었다.
　일찍이 이렇게 아름다운 학교를 보았던 적이 있었을까? 연신 감탄하며 학교의 곳곳을 배회하다가 문득 이곳에 텐트를 펼치는 멋진 상상도 해보았다. 송여자도에서 대동마을까지의 트레킹은 갔던 길로 돌아나와야 하며 천천히 두세 시간이면 둘러볼 수 있다.

바람

　배 시간이 되면 송여자도의 선착장에 삼삼오오 사람들이 모여든다. 선착장에는 나가는 사람 편으로 보내기 위한 물건들이 잔뜩 쌓여 있다. 여자도 주민들은 관광 개발에 대한 기대가 무척 큰 듯하였다.
　"우리 여자도 많이 알려주시고 여름에 고기들 많이 잡히게, 꼭 다시 오쇼잉."

여천에는 진남시장

여천에는 진남시장이 있다. 북적이는 모습은 여느 장터와 다름이 없지만 길이 100m도 안 되는 시장 내부에는 육해공을 넘나드는 다양한 먹거리가 즐비하다. 가게들은 아침 6시면 대부분 문을 열기 때문에 쿨러를 채워 오지 않아도 캠핑에 필요한 식재료는 이곳에서 조달이 가능하다. 15,000원짜리 광어, 감성돔 모둠회와 도넛 3,000원어치를 사고 기차에 올랐다.

낭도와 개도

주소
전라남도 여수시 화정면

즐길 것
낭도 100년 양조장, 주상절리,
낭도 막걸리,
개도 막걸리, 낭도 고구마, 참전복
갯바람길 트레킹
1코스(4.5km/2시간)
화산선착장-여석마을-모전마을
-호령마을
2코스(3.14km/2시간)
호령마을-봉화산-천제봉-
청석포저수지-배성금

야영지
낭도 낭도중학교 폐교터
개도 모전해변

가는 길
여수엑스포역 → 여수연안여객선터미널 버스 이용
여수항 → 낭도, 개도 06:00 14:20
여수항 → 개도 06:10 09:50 14:20
낭도 → 여수항 07:30 15:30
개도 → 여수항 08:10 11:40 16:35

문의/안내
여수연안여객선터미널 061-662-5454
낭도주조장 061-665-8080
개도주조장 061-666-8607

주의점
멧돼지가 서식하니 산중 야영은 삼갈 것.

맛집
개도 갯마을식당 010-4137-2225
화산횟집 061-665-0586

여수와 목포

섬은 푸른 바다 위에 오롯이 떠 있어서인지 육지의 다른 지역보다 더욱 그 모양이 도드라져 보인다. 누군가 내게 물었다. 다른 곳에도 섬이 많은데 왜 굳이 여수와 목포만 뻔질나게 드나드느냐고. 그 말처럼 내가 다니는 섬 캠핑의 대부분은 이 두 도시에서 시작되는데, 자주 만나다보니 정이 깊어진 탓도 있지만 기차를 이용해 좀더 자유롭고 편안하게 여행할 수 있기 때문이기도 하다. 하지만 그렇게 편하게만 여행하다보면 자칫 지루해지지 않을까 싶어진 것도 사실이다. 그래서 이번에는 섬 캠핑에 '막걸리'라는 테마를 넣어 떠나기로 했다.

낭도 섬 막걸리

아침 일찍 낭도에 도착해 약속한 양조장을 찾았다. 양조장 입구에서부터 오래된 독에 담긴 누룩의 구수한 술 향기가 아찔하게 번진다. 재래식 발효기법을 계승하여 전해 내려오는 낭도 막걸리의 주재료는 밀이며 공식 명칭은 '낭도젖샘막걸리'라고 한다. 3대째 이어 내려오는 이 양조장의 역사도 100년 가까이 되었다.

 예부터 섬 막걸리는 섬에서 나는 물과 곡식, 약초 등을 재료로 하여 제조되었다. 섬마다 풍토와 지형, 기후가 다르고 술을 내리는 방식도 제각각이니 브랜드를 만들기보다는 섬사람들은 술을 만들어 그저 아는 사람들끼리 나눠 마시고 제사상에 올리면 그만이었다 한다.

 막걸리 한 잔에 섬 하나가 담긴다.

 막걸리에서는 탄산이 느껴지는데다 단맛이 적당하고 특유의 묵직함 대신 가볍고 또한 텁텁함이 없어 오히려 동동주의 맑은 느낌이 있다.

 충만함에 한 잔을, 그리고 아쉬움에 또 한 잔을 마신다.

 단출한 식당 겸 간이슈퍼를 운영하시는 양조장 안사장님께서 밥은 먹

었느냐 걱정하며 밥과 국과 막걸리 안주를 내어놓으신다. 그러고는 '만 원만 놓고 가' 하며 총총히 사라지셨다. 그 뒷모습에서 백 년 가까이 이어진 낭도 막걸리 향이 솔솔 피어오른다.

새콤새콤한 나물반찬들의 주재료는 낭도 막걸리다. 막걸리를 발효시켜 식초로 만들어두었다가 요리 양념으로 사용하는 것이다. 따끈한 된장국에 밥을 말고 다시 막걸리를 한 잔 들이켜니 고즈넉한 시골 섬의 바람이 코끝을 간질인다.

몇 년 전 폐교된 낭도중학교 운동장은 군데군데 잡풀이 무성하게 자라나기는 했지만 야영지로 삼기에는 손색이 없다. 텐트 50여 동이 동시에 캠핑이 가능한 넓은 운동장에 학교 입구에 화장실까지 마련되어 있으니 섬에 머무르며 트레킹도 하고 막걸리도 맛보면 좋을 것이다.

시간이 머무는 섬, 개도

더없이 아늑한 아침, 좀더 머물다 가라는 낭도의 유혹을 뒤로하고 대형 카페리3호(백야도 출발)에 올라타니 10시가 다 되었다. 얼마 가지 않아 개도 여석에 도착해 우리 일행은 모전해변으로 이동했다. 작고 둥근 몽돌이 깔린 바닷가는 텐트를 치고 숙영을 하기에 제격이다. 주의할 점은 밀물이 들어올 때 물이 닿지 않는 지점을 확인하는 것. 바닥을 편평하게 고르면 나름대로 멋진 사이트가 만들어진다.

해변 위편에는 차양을 씌운 구들마다 멸치를 삶았던 솥이며 기구들이 고스란히 남아 있다. 북적였을 계절의 비린내가 아직도 고스란하지만 지나가버린 시절이 으레 그러하듯 자못 쓸쓸하다.

섬길을 따라 산책하듯 걸어가면 늦가을과 초겨울 사이를 지나는 햇살은 더없이 진해서 봄의 문턱이라도 밟고 있는 듯하다. 흐르는 시간을 부둥켜안고 싶기도 하고 흘려보내고 싶기도 하다. 무언가 움트려 일렁이는 마음에 낭도에서 맛보았던 막걸리 생각이 간절하다. 시간이 머무는 섬, 개도.

갯마을식당

막걸리로 유명한 여수 근방에서도 개도 막걸리는 보약 한 사발이라 불릴 정도로 유명하다. 낭도 막걸리에 비해 시설이 현대화되고 생산량도 제법 되어 그 보약 한 사발은 개도가 품은 여섯 마을에 골고루 나눠주고 그 맛을 못 잊은 손님들에 의해 입에서 입으로 전해져서 최근에는 육지에도 취급점이 늘어나고 있다 한다.

양조장에 막걸리를 주문해놓고 조금 걸어볼까 하며 선착장 쪽으로 몇 걸음 더 옮겼다. 포구길 모퉁이에서 만난 갯마을식당은 개도의 맛집으로 유명하다. 팔뚝만한 바닷장어를 직접 잡아 된장을 풀어 끓여낸 장어탕은 구수한 맛과 얼큰한 맛이 어우러져 별미 중에 별미다. 푸짐하게 접시에 담아낸 각종 나물에 개도 막걸리를 곁들이자 섬에서 맛본 밥상 중 손에 꼽을 정도였다.

개도 막걸리는 우유처럼 뽀얀 빛에 부드러우면서도 군더더기 없는 깔끔한 맛이 일품이다. 탁주임에도 맑은 편이라 한 모금 머금으면 푸른 파도가 철썩이는 듯한 청량함을 느끼다가도 마지막엔 달달한 향이 감돈다. 첫맛과 끝맛 모두 놓칠 수 없는 바다의 맛이다.

잔을 부딪치려는 찰나, 먼바다에서 커다란 뱃고동 소리가 들리며 저녁이 다가옴을 알렸다.

개도 막걸리

개도 막걸리를 어부들은 다섯 가지 덕으로 칭송했다고 한다.

허기를 채워주는 것이 1덕, 기운을 돋우어주는 것이 2덕, 한겨울 추위를 이기게 해주는 것이 3덕, 숙취를 완화시켜주는 것이 4덕, 기분좋은 술기운에 평소에 하고 싶었던 말을 할 수 있게 하는 것이 5덕이다.

섬 막걸리는 섬에서 마셔야 제맛이다. 개도 막걸리를 숙영지로 가지고 돌아와 한 잔 두 잔 기울이다보니 집으로 가져가려 했던 마지막 한 병마저 바닥을 보였다. 섬 캠핑의 아침은 짭쪼름하게 소금기가 어린 축축한 아침이슬과 함께 시작된다. 해가 오르면 작은 햇살에도 반들반들한 몽돌은 부서지듯 반짝인다.

지금도 신안의 암태도, 안좌도, 가거도와 여수의 손죽도, 소거문도, 거문도, 평도, 광도, 초도 등에는 손맛 구수한 섬 막걸리가 그 맥을 이어오고 있는데, 대부분 일흔이 넘은 노인들에 의해 내려지고 있어 그 명맥은 장담할 수 없다.

상화도

주소
전라남도 여수시 화정면

즐길 것
트레킹

야영지
상화도 정상 팔각정 옆,
상화도 야영장

가는 길
여수항 → 상화도 06:00 14:20 (1시간 4분)
상화도 → 여수항 07:05 16:25 (1시간 4분)

문의/안내
여수연안여객선터미널 061-662-5454
화정면사무소(관광) 061-659-1240

맛집
여수 좌수영음식문화거리 (여수연안여객선터미널 근방)
삼치회, 장어탕, 게장백반 등

캠핑 TIP

여수시 화정면의 섬들은 비교적 여객선의 드나듦이 잦은 편이다. 계획하기에 따라 하루에 두세 개의 섬을 탐방하는 것도 가능한데, 여수항에서 아침 6시에 출발하는 여객선을 이용해 낭도나 사도를 돌아보고 점심때 즈음 백야도에서 들어오는 배를 타면 상화도, 하화도에 내려 야영을 할 수 있다.

섬으로 가는 사람, 뭍으로 가는 사람

이른 여행객들과 섬으로 가는 주민들이 하나둘 여수연안여객선터미널 대합실로 모여들었을 때, 한 아주머니께서 읊조리듯 푸념을 꺼내놓는다.
"초도 들어가면 내일 어찌될지 모른다네, 바람이 시게 불어서."

초도는 거문도 항로에 속해 있는 섬으로 당초 이번 백패킹의 목적지였다. 결국 가려던 걸음을 접고 새로운 여정을 계획해야 했는데, 바람의 영향에서 자유로운 가까운 몇몇 섬 중 불현듯 떠오른 이름이 상화도였다. 바닷길을 몇 번씩 오가며 눈에 담아두었던 내게는 제법 익숙한 섬이다.

어둠이 채 가시지 않은 여수시, 푸르스름한 아침 바다에 너울거리는 아파트 불빛. 밤을 꼬박 지새고 얻은 여정의 처음에 어울리는 풍경이다.

돌산 너머 여단의 기운이 하늘 아랫자락을 감싸듯 스멀스멀 퍼져가는 신선한 가을날, 남도의 아침해는 오늘도 어김없이 동녘 섬 허리에서 피어올랐다. 백야대교 아래로 이어지는 뱃길, 스크루에 파열되고 흩어지는 바다를 따라 붉은 기운도 그뒤를 따르는데 뭍에서 섬으로 가는 사람들, 섬에서 뭍으로 나오는 사람들, 몇몇 여행객을 제외하고는 그저 담담한 여수 앞바다의 일상이다.

윗꽃섬 상화도

상화도는 하화도 건너편 바다 위에 산봉우리 두 개가 불쑥 솟아오른 모양의 섬이다. 움푹 들어간 비교적 완만한 경사지에 마을이 형성되고 꽤 많은 가옥들이 들어서 있었음에도 분위기는 한적하고 섬은 더없이 조용했다.

마을을 지나 조성된 산길은 무척이나 가파르다. 가쁜 숨을 헐떡이며 몇 번이나 가다 서기를 반복했을까? 드디어 숙영지로 점찍어둔 봉우리 팔각정에 오르고는 배낭을 팽개친 채 대자로 누워버렸다. 시원한 섬 바람 한줌에 기운을 차리고 사방을 둘러보니 파란 바다를 배경으로 여수 앞바다 섬 군락이 한눈에 들어온다. 돌산, 백야도, 하화도, 제도, 개도. 위치며 그 모습이 너무도 선명하다.

상화도와 하화도는 대략 1km 거리를 두고 마주하고 있다. 두 섬 모두 야생화가 곳곳에 즐비하게 피어나는, 이름 그대로 꽃섬이다. 윗꽃섬, 아래꽃섬이라는 뜻이다. 섬의 모습이 완만하고 낮은 구릉으로 이루어진 하화도는 꽃섬길이 예쁘게 조성되고 화장실 등 제반시설이 잘 갖춰지면서 많은 관광객들이 찾는 섬 트레킹 명소가 되었지만 지형적 이유로 제반 여건이 부족했던 상화도는 상대적으로 많은 관심을 받지 못하고 드문드문 찾아드는 사람들의 입소문으로나 전해지는 곳이었다.

꾸밈없는 아름다움

가벼운 점심식사를 마치고 낮잠을 자고 일어나 섬 트레킹에 나섰다.
비록 잡풀과 나무들이 무성히 자라나고 때론 길을 덮어버렸어도 상화도의 꽃길 역시 섬 둘레를 따라 있는 듯 없는 듯 펼쳐져간다.
섬 뒤편 해안절벽 끝머리에 파도가 닿을 듯 설치된 전망대에서는 사도와 추도의 모습이 한눈에 들어오는데, 높은 산이 있어 주위 섬들을 두루 조망할 수 있는 상화도의 장점이 확연해지는 순간이다. 거칠긴 해도 오히려 꾸밈없는 자연미가 장점이 되고 번잡하지 않으니 서두를 까닭이 없는 섬이다. 뉘엿거리는 해를 따라 섬에도 정적이 찾아올 무렵 마을에도 바다 건너 하화도에도 하나둘 불들이 켜졌다.

세상을 살아가며 나와 내 주변의 것들에 집중할 수 있는 시간이 얼마나 될까. 떠오르는 상념마저 감미로운 이 순간, 넋을 잃고 바라보는 화려한 조화, 하늘은 하화도 앞바다에 묵색의 달빛을 쏟아부었다.

여수에선 어디든 맛집

밤사이 텐트를 두드렸던 세찬 바람은 어디로 모습을 감추었는지 바다며 섬이며 하늘마저 평온한 영락없는 가을 아침이다. 배가 고팠지만 여수에서의 맛있는 한끼를 위해 뜨거운 라면 한 봉지의 유혹마저 물리친 채 서둘러 장비를 철수하고 아침 배를 기다린다.

여수항, 잘 아는 집이라 생각하고 무심코 들어갔는데 식당 분위기며 주방의 위치며 참으로 생소하다. 그저 기분 탓인가 생각하며 삼치회와 여수 막걸리를 주문했다. 꽤나 먹어본 양 손바닥에 김을 올린 후 삼치를 양념장을 찍고 갓김치를 얹어 먹었다.

1인분임에도 삼치회를 넉넉하게 올려주신 주인아주머니의 마음씀씀이에 감사하며 충분히 만족스러운 식사를 마치고 부른 배를 두드리며 식당 문을 열고 나서야 바로 옆 단골집을 잘못 찾아든 것을 알아챘다. 역시 여수에선 대부분의 식당이 맛집이다.

하화도

주소
전라남도 여수시 화정면

즐길 것
트레킹

야영지
애림민 야생화공원

가는 길
여수항 → 하화도 06:00 14:20
하화도 → 여수항 07:30 15:30
백야도 → 하화도 08:00 11:30 14:50
하화도 → 백야도 10:10 13:40 17:00

문의/안내
하화도 061-690-2036
여수시 관광과 061-659-3873

맛집
와쏘슈퍼 061-665-5496
(우럭회, 갓김치, 개도 막걸리, 식수 및 주류 판매)

거닐고 싶은 꽃섬

하화도는 여수에서 24km 떨어져 있으며 하이힐을 닮은 0.5km² 크기의 자그마한 섬이다. 예로부터 동백과 진달래가 섬 전체에 만발하여 건너편 상화도와 더불어 꽃섬이라 불렸다.

봄이 되고 꽃이 필 무렵이면 섬에 가득한 야생화를 벗삼고 5km의 잘 정비된 꽃섬길은 여수 앞바다의 트레킹 명소로도 잘 알려져 있다.

아침 6시 정각, 여수연안여객선터미널에서 출발하는 백조호에 오른다. 객실은 전기장판의 온도가 채 오르기 전이라 꽤나 썰렁한데, 함께 배에 오른 섬 할머니들은 익숙하게 구명동의함에 개어놓았던 담요를 꺼내고 그중 한 장을 아내에게 건네셨다. 궂은 날씨만 아니라면 가을부터 봄까지는 쉽게 선상에서 일출을 감상할 수 있다. 세상이 환하게 밝아오는 순간 창을 통해 전해지는 따뜻함은 섬 여행의 또다른 묘미다.

야생화공원 캠핑

여수항을 떠난 여객선은 둔병도, 낭도, 사도, 상화도를 거쳤다. 배 시간이 정해져 있기는 하지만 워낙 작은 배라서 바다의 기상에 따라 빠르고 늦어지는 것이 다반사다. 하화도에 닿아, 배에서 내리자 선착장에서 계시던 어르신 한 분이 말을 붙인다.

"뭘 그리 짊어지고 오셨누?"

"텐트가 들어 있습니다. 야영하려고요."

"저쪽으로 가면 잔디가 아주 좋아. 거기다 치면 되겠네."

낯선 이방인에게 전하는 마음씀씀이는 섬의 첫인상이 되었다. 덕분에 좋은 숙영지를 소개받아 야생화공원 잔디 위에 텐트와 타프를 세팅했다. 바다 너머 상화도, 섬의 구릉을 타고 옹기종기 모여 있는 주황색 지붕들과 섬 하나가 온전히 시야에 들어오는 풍경에 아내도 무척이나 흡족해한다.

꽃섬길 트레킹

하화도 제일의 비경으로 알려진 해안절벽 사이의 큰 굴은 예전 밀수꾼들이 물건을 숨겨놓는 장소로 이용됐다고 한다. 하지만 동굴을 한참이나 바라보던 아내는 그 안에 전복이며 소라가 가득할지도 모른다며 두 눈을 반짝였다.

하화도 서쪽 끝 장구도는 오래도록 사람의 발길이 닿지 않았던 무인도인데 본섬과 이어지는 140m의 주교량이 설치되고 1.4km의 탐방로가 둘린다고 하니 볼거리는 더욱 늘어날 것이다.

해안절벽을 타고 데크로드가 이어진다. 청량한 공기와 적당한 햇볕, 그리고 탁 트인 시야 덕분인지 발걸음에 힘이 솟는다. 전망대에 오르니 그 넓이가 실로 엄청나다. 사람들 발걸음이 뜸해질 즈음에는 이곳에 다정한 사람들과 텐트 몇 동 펼치고 저무는 섬과 바다를 만끽해보았으면 하는 바람이 절로 생겨난다.

하지만 전망대는 야영금지구역이다. 동해와 남해 동부 해안은 강풍주의보가 예보되고 있다지만 전망대에서 바라본 이곳 여수 앞바다는 잔잔했으며 약간의 운무 따위는 전혀 문제가 될 것 없는 전형적인 봄날이다. 큰 산 전망대를 지나 아래로 조금 내려오면 구절초 공원이 있다. 구절초가 피어날 즈음 가을색에 흠뻑 물든 하화도를 상상해보았다.

구릉 아래로 하화도마을이 펼쳐지면 꽃섬길은 붉은 철쭉(영산홍)을 따라 이어지는데 유채꽃 너머 하늘거리는 개도의 풍광 또한 일품이다.

하화도에는 가게나 식당, 민박집이 없다. 간혹 미리 예약을 하면 마을회관을 빌리거나 이장님 댁에서 식사를 할 수 있다고는 하지만 꽃섬길을 걷거나 야영을 하기 위해서는 나름의 단단한 준비가 필요하다.

마을에 있는 향우회관은 섬 방문객들을 위한 공간이다. 이곳에서 물도 담을 수 있고 또 화장실도 사용할 수가 있다.

섬에서의 인연

시간이 저물어간다 느낄 즈음에 아내는 바다로 나가 미역이며 톳이며 성게 몇 마리까지 나름의 식량거리들을 채집해왔다. 들에서 캔 냉이를 무치고 톳무침과 돌미역 쌈을 준비한 후 로스터에 갈빗살을 몇 점 올려놓으면 부러울 것 없는 저녁 만찬이 꾸려진다.

봄 바다를 배회하던 해가 고흥반도 팔영산 봉우리에 걸터앉아 하루를 마무리하고 꽃길을 걷던 사람들도 섬 밖으로 자취를 감춘 지 오래다.

이미 전라남도 동서부 앞바다를 제외한 모든 해상에는 강풍의 영향으로 풍랑예비특보가 발효된 상황이고, 밤이 깊어가면서 바람이 제법 거세지기 시작했다. 특별한 문제야 없으리라 믿으면서도 알 수 없는 것이 바다 날씨라서 수시로 기상예보를 확인하고 밖으로 나와 바람의 세기를 가늠해본다.

다음날 일찌감치 눈을 뜨고 바라본 바다는 우려했던 만큼 험한 얼굴을 하고 있지 않았다. 한적한 선착장, 여수로 가는 아침 배는 8시경 하화도로 들어오는데 어르신 한 분이 매표를 하기 위해 선착장으로 나오셨다. 믹스커피 한 잔 만들어 대접하고 섬 자랑 몇 마디를 답례로 듣는다.

정겨웠던 하화도에 작별을 고해야 할 시간, 정든 이를 남겨둔 사람처럼 섬을 떠나는 마음은 언제나 애틋하다.

배에 올랐을 때, 객실 저편에 낯익은 얼굴이 보였다.

예전 사도 캠핑 때 아침식사를 지어주고 또 식수를 담아주셨던 안나 아주머니였다. 반갑게 인사를 건네고 안부를 주고받으니 섬 인연이란 것은 이렇게 이어지는가 싶었다.

그후 다시 찾은 하화도는 어엿한 큰 꽃섬이 되어 있었다. 선착장 부근에 슈퍼와 식당이 들어섰음은 물론 야생화공원은 섬의 공식 야영장으로 불리고 식수대며 정갈한 화장실도 세워졌다.

제도

주소
전라남도 여수시 화정면

즐길 것
트레킹, 갯바위 낚시

야영지
폐교

가는 길
여수항 → 제도 06:10 14:50
제도 → 여수항 08:25 17:05
백야도 → 제도 06:55 08:00 11:30 14:50
제도 → 백야도 07:30 10:40 14:20 17:30

문의/안내
화신해운 061-665-0011
여수시청 관광과 061-659-3874
화정면사무소 061-659-1225

캠핑 TIP

백패킹 때는 옷을 여러 겹으로 입는 것이 좋다. 특히 기차나 여객선의 객실은 외부 기온과 큰 차이가 있어 때론 더위나 추위를 느끼기 쉽다. 또한 동계 백패킹에서는 항상 체온 유지에 신경써야 하며 늘 더워지기 전에 벗고 추워지기 전에 입어야 한다.

여수 앞바다의 작은 섬

제도는 위로는 육지와 연륙된 백야도의 남단과 불과 500m의 거리이고 아래로는 막걸리 섬 개도가 있다. 그리고 왼쪽에는 꽃섬 하화도가, 오른쪽에는 층층대 섬 자봉도가 지척에 있는 여수 앞바다의 작은 섬이다.

"쪼매난 섬, 뭐 볼 게 있다고 예까지 왔소?"

아침 마실을 나가던 어르신 한 분이 툭 하니 한마디 던져놓는다.

별다른 관심 없이 방파제를 따라 흐르는 노어부의 걸음은 섬을 찾은 낯모를 이의 얼굴을 마주하고도 어제와 같다.

마음이 느긋해지는 섬

숙영지를 정하기 위해 섬의 앞뒤 해변을 둘러보았으나 적당한 장소를 찾지 못하고 결국 마른 잡풀이 엉키듯 길게 자라난 폐교 운동장에 텐트를 피칭하였다.

남도의 날씨는 참으로 포근하다. 설영을 모두 마쳤을 무렵에는 재킷을 벗어버렸음에도 등줄기에 땀이 촉촉했다.

섬이 크지 않으니 부지런히 돌아봐야 한다는 조바심도 없고 마음도 한결 느긋하다. 모든 섬이 기대만큼의 볼거리와 먹거리를 가지고 있는 것은 아니다. 특히 스쳐지나거나 하루이틀 머물다 가는 외지인의 눈에는 더욱 그러하다. 하지만 그들의 담담한 일상을 바라보는 것만으로도 나의 섬 캠핑은 늘 행복했다.

마을회관에서 한 무리의 어르신들이 쏟아져나오셨다.

한데 모여 먹으면 밥맛도 좋고 재미도 있어 거의 매일 점심은 마을회관에서 드신단다.

"아이고, 찾아줘서 고맙소."

한끼를 채우고 보행기에 기대어 집으로 돌아가면 할머니를 반겨주는 것은 숱한 세월 밀고 닦아 반질해진 마룻바닥뿐이다.

제도의 마을 담장은 대부분 돌을 쌓아 만들었다. 섬마을 집들이 대부분 그렇듯 소금기가 많이 묻은 해풍 덕분에 쇠붙이가 남아나지 않는다. 철제대문, 프로판가스통들이 곳곳이 벌겋게 부식되어 있다. 예전에 다른 섬을 여행할 때 얻어 탄 마을 이장님의 1톤 포터 문짝도 부식이 되다 못해 형체조차 알아보기 힘들었었다.

일행이 들판에서 무언가를 찾더니 겨울냉이를 캐냈다.

냉이는 봄에 나는 것이 아닌가? 고개를 갸우뚱했지만 이 겨울냉이는 '남녘냉이'라고도 불리며 겨울에 나는 두해살이풀이라 한다. 남쪽에 사는 사람들은 무나 배추밭에서 납작 엎드려 자라는 겨울냉이를 보약이라 여겨 밥상에 즐겨 올리곤 한단다.

폐교에서의 하룻밤

밭에서 시금치 몇 뿌리 캐 집으로 돌아가는 할머니, 마을과는 조금 떨어진 바닷가 외딴집에는 개 한 마리가 주인을 반기고 있다. 조용한 마을에 인기척이 있어 다행이다. 할아버지와 할머니의 저녁상에는 구수한 된장국에 시금치나물이 맛있게 무쳐져 오를 것이다. 상 너머로는 말씀 몇 마디 오가지 않아도 밥그릇 두 개와 숟가락 두 개가 나란히 놓이니 늘 고마울 따름이다.

제도의 해변은 바닷물에 씻긴 굴껍질 때문에 온통 하얀색을 띠고 있

다. 예전 굴 양식으로 소득이 높았던 시절의 흔적이라 한다.

 폐교의 낡은 교사 역시 또다른 흔적이다. 먼지 뿌연 유리창 너머 황금빛이 맴돌다 사라지면 남겨진 것들은 더욱 쓸쓸하게 도드라진다. 매트리스와 침낭을 펼쳐놓고 핫팩 두 개를 넣어두고는 식수와 몇 가지 필요한 것을 사기 위해 낮에 봐두었던 동네 슈퍼 문을 두드렸다. 작은 섬의 상점들이 대부분 그렇지만 주인이 손님을 기다리는 법은 없다. 잠시 후 주인이 나와 자물쇠를 열면 몇 종류 안 되는 물건들이 차곡차곡 정돈된 낡은 마룻바닥이 눈에 들어온다. 식수와 음료수, 라면 몇 개의 가격은 생각보다 많이 비싸지는 않았다. 이제는 섬 주민들도 생필품의 수급을 뭍에서 직접 가져오거나 여객선 편으로 부쳐 충당하기 때문에 이 조그만 슈퍼는 그저 명맥만 유지하는 정도가 되었을 것이다.

평수구역을 통해 탈 수 있는 배들

다음날, 돌아오는 길에 여객선에서 우연히 만난 개도 주민은 모전 몽돌 해변 앞에 산다고 했다. 전에 야영을 했던 사람들이 돌을 치워놓지 않고 돌아갔다고 하시길래 그 야영객들이 바로 우리였음을 고백하고 사과드렸더니 별일 아니라며 크게 웃으신다. 이것도 인연이 되어 전화번호도 교환하며 개도에 한 번 더 오라는 이야기와 물고기를 많이 잡아주겠다는 약속까지 덤으로 받았다.

선박이 운항되는 바다 항행구역 중에 '평수구역'이라는 것이 있다. 평수구역이란 비교적 작은 섬들이 밀집되거나 주로 양식장들이 많이 분포되어 있는 내만 바다를 뜻한다. 기상청의 특보(풍랑주의보 등)는 예를 들면 서해 남부 앞바다와 먼바다, 남해 서부 앞바다와 먼바다 등 큼지막한 구역으로 나뉘어 발표된다. 이들 바다에 풍랑주의보가 발표되어도 때로는 '평수구역'에 들어가는 섬들은 선박 운항이 가능할 수도 있으니 이 점을 고려해서 섬 캠핑을 계획한다면 보다 지혜롭고 안전한 여정을 만들어 갈 수 있다.

동계에 살펴야 할 평수구역으로는 임자, 자은, 비금, 신도, 하태도 남단을 지나 가사도 서단에 이르는 선(예전 영광 낙월도에서 갇혔을 때 평수구역 내에 있던 지도읍 송도로 빠져나온 경험이 있다), 외나로도 동북단에서 금오도 서북단을 연결한 선(조발, 둔병, 낭도, 사도, 개도, 제도 등이 이 구역에 속한다) 등이 있다. 구체적인 운항일정을 알아보기 위해서는 지역 기상대와 한국해운조합 운항관리실 지부 등을 이용하면 도움이 될 것이다.

초도

주소
전라남도 여수시 삼산면

즐길 것
트레킹, 산상봉 산행,
돌돔 낚시,
진막·목섬 간 바다 갈라짐

야영지
정강해수욕장,
경촌·진막 몽돌해수욕장

가는 길
여수항 → 초도(대동)
07:40 13:40 (1시간 5분)
초도(대동) → 여수항
11:00 16:30 (1시간 5분)

문의/안내
오션호프해운 061-662-1144
삼산면 초도중계소 061-659-1770

캠핑 TIP
등산용 스틱은 트레킹을 할 때도 필요하지만 백패킹용 타프의 폴을 대신하거나 셸터의 지지대로도 사용된다.

거문도에 가려진 휴양지, 초도
7시 40분 여수항, 쾌속선 줄리아아쿠아호에 오르니 외나로도, 손죽도를 지나 목적지인 초도까지는 1시간 남짓 소요되었다. 낚시꾼 몇 명과 우리 일행을 선착장에 내려준 쾌속선은 관광객 대다수를 그대로 태운 채 남쪽으로 20여 km 떨어진 거문도로 떠났다. 초도는 여수에서 뱃길로 77km, 지도를 펼치고 거금도를 찾은 후 남쪽으로 훑어내면 거문도 사이 딱 중간 지점에 자리하고 있는 섬이다. 편도 30,500원의 운임료도 적은 편이 아니지만 관광객의 대부분이 거문도를 목적지로 하기에 초도는 비교적 한산한 섬이다.

정강해변

대동리선착장에서 정강해변까지는 신작로를 따라 대략 3.5km 정도인데 어디까지 가냐며 말을 건네준 맘씨 좋은 주민 덕분에 1톤 트럭의 짐칸에 얻어 탈 수 있었다. 정강해변엔 자그마한 백사장에 화장실과 샤워장, 개수대가 조촐하게 갖춰져 있다. 산을 타고 내려온 계곡물이 해변 주위에 풍부해 사계절 물 걱정만큼은 하지 않아도 될 듯했다.

　백사장 위에 설영을 하고 나니 청명한 하늘과 푸르른 바다와 어우러져 멋진 전경이 만들어졌다. 하지만 한낮이 되면서 만만치 않은 더위가 찾아오고 해변의 방향이 남향이다보니 그늘을 찾아 이동을 반복하는 불편함도 감수해야 한다.

　식곤증에 낮잠을 즐기고 나니 오히려 몸은 더욱 천근만근이다. 자칫하다간 반나절을 허무하게 날려보낼 것만 같단 생각에 서둘러 나들이 차비를 갖추고 일행들을 채근해보았지만 고집불통 원천은 한가로이 바다를 즐기겠다 한다. 결국 재헌, 광성과 함께 섬 트레킹에 나서기로 하였다.

진막마을의 정자 진해정

소를 방목하는 초도에서는 길 한복판을 차지하고 어슬렁거리는 소 떼를 어렵지 않게 발견할 수가 있다. 소들은 별안간 나타난 사람들의 모습에 놀라 쳐다보다가도 별일 아니라는 듯 유유히 풀을 뜯는다. 10여 분 오르막길을 따라 올라가 신작로에 이르면 다시 양 갈래길이 나오는데, 좌측으로는 진막마을 방향이고 우측으로는 의성마을 방향이다. 7km의 도로는 해안을 따라 이렇게 순환된다.

　진막마을 중앙에 위치한 정자 진해정은 바다를 진압한다는 의미인데, 임진왜란 때 조선 수군이 이곳에 진을 쳐서 '진막'이란 이름을 얻었던 것과 관련이 있다고 한다.

청정해역

초도는 해안선의 드나듦이 심하며 수심이 깊고 맑은 청정해역으로 알려져 있다. 그 덕에 각종 수산자원이 풍부하며 먼바다에 위치해 멸치가 많이 잡히는 계절에는 어선들이 선창을 가득 메울 정도라 한다.

  2~3년 전인가 외연도에서 캠핑을 할 때 마을을 지나다가 문득 들려온 제주도 사투리에 귀가 번뜩인 경험이 있다. 알고 보니 제주 해녀들이 원정 물질을 하다가 그곳으로 시집와 살고 있었던 것이었다. 서쪽으로는 태안 보령 인천 앞바다까지, 동쪽으로는 포항 울진을 거쳐 멀리 울릉도까지 제주 해녀들의 흔적은 우리 바다 곳곳에 남아 있고 초도에도 역시 제주 처녀들이 전복, 홍합 등 해산물을 채취하며 살아가고 있었다.

의성마을의 은혜 갚은 팽나무

섬의 남동쪽에 자리한 의성마을에 도착해 회 한 접시 먹을 곳이 있을까 싶어 찾아보았으나 식당은커녕 허름한 가게 하나 눈에 띄지 않았다.

마을을 두리번거리다 전망 좋은 민박집을 하나 발견하고는 그곳으로 걸음을 옮겼다. 몸이 불편하신 주인아저씨가 우리를 친절히 맞아주었지만 아주머니가 부재중이라서 식사는 어렵다고 했다.

"아침에 왔으면 삼치회맛도 볼 수 있었을 텐디, 지금은 모두 육지로 보내불고 남은 게 없구만."

심한 갈증에 맥주를 청하고 함께 내어주신 갓김치를 안주 삼으니 시원함과 쌉싸름한 맛이 더해져 꽤나 괜찮은 조합이 되었다.

이곳 의성마을 선착장 팽나무에는 그럴듯한 이야기가 전해져온다. 예전 사라호 태풍 때 고사될 위기에 있던 마을 팽나무를 보고 당시 정치망 사업을 하던 김사장이라는 사람이 선원들에게 술을 마실 때마다 나무에 한 잔씩 뿌려주도록 권고했는데, 그후 2년쯤 지나자 팽나무가 다시 살아난 것이다. 그리고 훗날 김사장이 병이 들어 자리에 눕게 되자 팽나무 목신이 꿈에 나타나 한약방 한 곳을 알려주어 약을 지어 먹고 완쾌했다는 이야기다.

큼직한 우럭 낚시

귀한 계절 참으로 좋은 날, 아마도 10월 말까지는 이렇게 푸르고 맑은 하늘과 바다를 자주 볼 수 있을 것이다. 광성와 재헌은 해가 저물도록 방파제에서 낚시 삼매경에 빠져 있었다. 회 한 접시만 먹었으면 하는 바람이 통해서였을까? 연이어 환호성이 이어지더니 큼지막한 우럭을 다섯 마리나 잡아왔다. 서툴게 썰어낸 우럭회 한 접시가 미니테이블에 올랐다. 꼬들꼬들하게 씹히는 맛이 일품이다.

"다음부터 섬에 갈 때 먹을 것은 아무것도 챙겨 가지 말죠. 모든 음식은 섬에 나는 것으로요."

그렇게도 캠핑할 수 있을까?

초도, 남겨놓고 가야 할 이야기

배 시간은 오전 11시라 여유가 있었지만 어제 이곳 정강해변까지 태워다 주셨던 주민께서 다시 대동리선착장까지 이동을 도와주시기로 했으니 더더욱 편안하게 되었다.

   대동리선착장에 있는 대동마을은 초도에서 가장 큰 마을이다. 돌담이 반이면 시멘트 담도 반이요, 오래된 어촌 가옥 사이로 슬레이트 지붕도 간간이 있으며 현대식 복지회관도 눈에 띈다. 이제 몇 년 후면 근해의 많은 섬들이 연륙되고 연도되어 자동차로 오갈 수 있게 된다. 늘 그대로 있어주길 바라는 바람과는 상관없이 섬이 가진 특성들이 사라져갈 것이다. 결국 많은 섬들이 섬이 아닌 육지가 되어버릴 테지만 그래도 섬으로 남아 있을 먼 섬, 초도. 하룻밤을 함께 보낸 인연을 늘 그리워할지도 모르겠다.

횡간도

주소
전라남도 여수시 남면

즐길 것
바다낚시, 트레킹

야영지
여동분교 운동장

가는 길
이순신광장 앞 외환은행 정류장에서 버스 승차
(113, 114, 106번) → 군내항에서 한려3호 이용
* 화태대교 완공으로 여객선이 중단되어
2016년 2월부터 도선 운항
(월호, 두라, 나발, 횡간)

문의/안내
여수시 관광과 061-659-3873
여수시 남면 개발팀 관광/교통 061-659-1200

맛집
대성식당 061-663-0745(삼치회)

캠핑 TIP

섬 캠핑에서 숙영지가 적당하지 않을 때 가장 먼저 살펴봐야 할 것은 학교 운동장이나 폐교 터이다. 대신 마을회관 등을 찾아 먼저 허락을 받고 야영 후 돌아갈 때는 뒷정리를 깨끗하게 해야 한다.

여수중앙선어시장

새벽 4시, 여수 엑스포역에 내린 후 일행은 돌산의 군내선착장까지 가는 버스를 타기 위해 이순신광장까지 택시를 타고 갔다. 버스가 다닐 시간까지는 여유가 있어 이른 새벽 여수의 모든 활력이 모여든다는 선어시장을 구경하기로 한다.

이곳의 경매는 시장 곳곳에서 산발적으로 이뤄지는데 물메기, 삼치, 복어, 붕장어, 새우, 낙지, 각종 조개류 등등 그 가짓수도 다양하고 우리가 식당에서 쉽게 접할 수 있는 것들이라 구경하는 재미가 쏠쏠하다.

대부분 도매로 거래가 이루어지지만 얼마간의 눈동냥 덕분에 꽤 많은 양의 해삼과 피조개를 저렴하게 구입하고 내친김에 상인들이 사용하던 큰 양푼까지 빌려서 광장 구석에서 삶아 먹기로 했다.

속이 든든해지니 새벽 광장의 만만치 않은 바닷바람도 견딜 만하다.

군내항까지는 버스로 50분, 해동스타호는 돌산 앞바다의 월호도, 화태도, 대두라도, 나발도, 대횡간도를 돌아 들어오는 여객선으로 7시 20분 첫 배를 시작으로 다섯 차례 운항한다.

단순 트레킹이 목적이라면 하루에 다섯 섬을 모두 둘러보고 나올 수도 있겠지만 걷고 머물며 즐기며, 환경과 숙영지의 여건을 고려해 대두라도 트레킹과 대횡간도 캠핑을 기획했다.

대두라도 트레킹

얼마 전 여자도에서 나오다 섬을 다니며 보일러를 수리하는 기사분의 차를 우연히 얻어 탄 적이 있었다. 섬의 훈기를 달래는 직업. 섬 전문 보일러 기사라니 참 낭만적이다. 그런 생각을 하던 차에 그가 내게 이 섬 대두라도를 추천해주었다.

이곳 선착장 주변의 앞바다는 크고 작은 섬들이 첩첩하고 곳곳에 가두리 양식장이 들어서 무척 풍요로워 보였다. 길을 따라 조금만 올라가면 탁 트인 바다전망을 가진 화태초등학교 두라분교가 보인다. 주말이라 선생님과 학생은 보이지 않았지만 제법 넓은 운동장과 깨끗하게 정돈되어 있는 모습에서 여유롭고 쫓기지 않는 섬 학교의 일상을 만난 듯하였다.

섬 허리를 타고 길이 이어지는 까닭에 내려다보이는 바다는 시원하고 건너 섬들의 모습이 한눈에 들어오는데 지도 앱을 켜서 비교해보면 좌측으로 나발도, 바로 앞에는 소두라도, 두 개의 섬 사이로 최종 목적지인 대횡간도가 선명하다. 섬의 동남쪽에는 제법 넓은 초지대가 있다. 캠퍼의 습성상 전망이 수려하다 싶으면 숙영지로 적당한 곳은 없는지 살펴보게 된다. 볕 좋은 언덕배기에는 텐트 몇 동은 들어갈 만한 공간이 있었고 미력하지만 봄소식이 땅 표면에서 꿈틀대고 있었다.

섬의 모양이 콩을 닮아 '두라도'란 이름은 붙여졌다고 하는데 지도만 보아서는 고개가 갸우뚱해진다. 1시간 남짓 쉬엄쉬엄 둘러본 섬은 걷는 길이 완만하고 꾸미지 않은 그대로의 풍광이 좋아 배에서 내려 대두라도를 산책한 것은 정말 탁월한 선택이었다.

화태초등학교 여동분교장 캠핑

횡간도는 여객선 해동스타호의 마지막 기항지이다. 횡간도는 '비깐'이라 하여 북쪽을 기준으로 비스듬하게 누워 있는 섬의 모습에서 명칭이 유래

되었다. 섬은 완만한 구릉으로 이뤄져 있는데 면적이 크지 않은데다가 모래해변이 없고 평지는 대부분 마을과 고구마 등을 경작하는 밭으로 개간되어 적당한 야영지는 없다고 봐도 좋을 것이다. 때문에 섬 내 화태초등학교 여동분교에 전화해 운동장에서 야영을 할 수 있도록 허락을 받아두었고 나와 일행들은 선착장에서 불과 500m 정도 떨어진 학교로 이동해 설영을 시작했다.

한참 텐트를 피칭을 하고 있을 때 여학생 한 명이 운동장으로 걸어들어왔다. 61년 전통의 여동분교는 재학생과 신입생이 없어 새학기부터는 폐교가 되어야 하는 안타까운 처지가 되었는데, 여학생은 분교의 마지막 졸업생이라는 것이다.

작은 섬이 대개 그렇듯이 젊은 사람들이 하나둘 뭍을 찾아 나서면서 주민은 줄어들고 고령화되어간다. 결국 몇몇 남지 않았던 아이들마저 졸업을 하거나 부모를 따라가면 결국 텅 빈 학교는 그렇게 기억 속에 묻히게 될 것이다.

그래도 여학생은 횡간도를 떠나지는 않는다고 했다. 중학교가 있는 화태도까지 통학선을 이용해야 하는 특별한 등하굣길이 항상 안전하기를, 학교는 사라지지만 6년의 시간이 진정 아름다운 추억으로 기억되기를 바랐다.

선착장의 허수아비

셸터에 모여 간단한 식사를 마친 후 다시 횡간도 탐방길에 나선다. 학교 뒷길을 따라 구릉을 하나 넘으면 몽돌해변이 나오는데 여수 돌산의 작금항과는 지척이다. 이곳은 낚시객들 사이에 천혜의 낚시터라 회자된다는데 아니나 다를까 해변 갯바위 위에 사선을 타고 들어와 낚시를 즐기는 몇몇 사람이 눈에 띄었다.

마을이 밀집되어 있는 선착장 주변으로는 어선들과 멸치를 말렸던 흔적들이 즐비하다. 그 사이사이 세워놓은 허수아비는 멸치를 말릴 때 갈매기들의 접근을 막기 위한 것이란다.

섬사람의 마음

외지 사람들이 들어 학교에서 야영한다는 소문이 온 마을에 벌써 파다하다. 마을에 단 하나 있는 슈퍼에서 식수와 간단한 부식을 사 가지고 돌아오는 길에 마침 마을회관에서 모임을 끝내고 돌아가는 어르신 몇 분을 만날 수 있었다. 쌀쌀한 계절에 텐트 하나에 의지하고 굳이 밖에서 먹고 자고 하는 모습이 이해가 되지 않는다는 표정과 함께 괜찮겠느냐는 걱정이 뒤를 따른다.

"집이 너르면 재워줄 텐데…… 마을회관에서 자면 안 되겠소?"

그 진심 어린 걱정을 섬 마음이라 여기며 숙영지로 돌아오니 하루가 저물어가고 텐트 안 불빛은 더욱 선명해져간다.

여객선 운항은 전면 중지됩니다

새벽녘부터 바람이 거칠어졌다. 다음날 아침 출항 시간이 여유가 있어 모두들 늦잠을 즐기고 있는데 마을 방송이 잠결에 들려왔다.

"오늘 해상 날씨가 좋지 않아 여객선 운항은 전면 중지됨을 알립니다."

번뜩 일어나 날씨 앱을 살펴보는데 전혀 예상치 못한 풍랑주의보가 여수 앞바다까지 발효되어 있었다. 앞바다라 해서 너무 만만하게 봤던 탓일까? 좀더 신중하지 못했음을 자책하면서 뭐라도 해봐야겠다는 심정으로 마을로 나서보는데 바다의 상황은 생각보다 훨씬 좋지 못했다. 손에 닿을 듯한 여수 돌산. 우리에겐 도움을 줄 수 있는 배 한 척이 너무도 간절했다. 그러던 중 '선박출입항신고소'에 계시던 이장님을 만나 도움을 청

하였더니 이미 알고 있었다는 듯 흔쾌히 배를 띄워주신단다.

작은 선실 안에서 롤러코스터를 타듯 휘청거리며 바다를 건너는 10여 분 동안 갑판에 기대어놓았던 배낭들은 바닷물을 흠뻑 뒤집어쓴 채로 나뒹굴고 있었다.

길지 않게 애태우다 탈출한 섬, 단돈 40,000원에 험한 바다를 두 번이나 왕복해 건너주신 이장님에 대한 고마움에 몇 번이고 고개를 숙였다. 현재 공정률이 80퍼센트가 넘는 돌산과 화태도 간 연도교가 완공이 되면 주변 섬에 접근하는 방법도 많이 달라지고 어쩌면 섬 문화 역시 적지 않은 변화를 겪게 될 것이라 한다. 시간이 지나면 곁에 있던 것들조차 하나둘 아쉬움이 되고 또 잊히기 마련이겠지만 여행이나 캠핑은 그런 것들에 대한 귀함을 찾아가는 작업이 아닐까.

연도

주소
전라남도 여수시 남면

즐길 것
트레킹, 소룡단 산책, 낚시

연도 트레킹
몽돌해변-등대-필봉산중봉-남부마을 (1시간 소요)

야영지
덕포마을 몽돌해변

가는 길
여수항 → 연도(역포)
06:20 14:30 (1시간 10분)
연도(역포) → 여수항
08:00 16:30 (1시간 14분)
연도(역포)에서 농어촌버스 이용

문의/안내
한림해운 061-666-8092
연도중계민원처리소 061-659-1719
연도 홈페이지 www.yeondo.kr

맛집
고흥집 061-664-3237(세미탕)

캠핑 TIP

백패킹에 있어 헤드랜턴은 상시 점검하고 준비해야 하는 필수품이다. 예기치 않게 어두운 산길이나 오지를 걷게 될 수도 있기 때문이다.

솔개를 닮은 섬

여수연안여객선터미널은 아침 5시에 개방된다. 직원들이 출근하고 매표가 시작되기까지는 화장실에서 세면도 하고 건너편 마트에서 식수나 간단한 물품 등을 구입하며 섬 여행을 준비한다.

오늘의 행선지 연도(소리도)는 금오도와 안도를 포함한 금오열도의 끝 섬으로 여수항에서 아침 6시 20분과 오후 2시 30분 하루 두 차례 정기적으로 운항하며 소요 시간은 대략 1시간 10분 정도이다.

연도라는 이름은 섬의 모습이 솔개를 닮은 데서 연유되었다고 하지만 지도에서 보면 앞다리를 들고 서 있는 개의 모습과 더 닮아 있다.

역포는 연도의 동쪽 포구, 여객선이 선착장에 닿으면 섬의 유일한 대중교통수단인 25인승 버스가 대기하고 있다. 섬의 중심지인 연도마을까지는 거리가 만만치 않으니 도보로 이동하기보다는 버스를 이용하는 편이 좋다.

연도마을은 리사무소, 초등학교, 우체국 등 거의 대부분의 편의시설이 들어서 있는 연도의 행정중심지이다. 섬치고는 다소 넓은 개활지에 가옥들이 편안한 모습으로 둘러 있고 반듯한 정자도 한 동 세워져 있다. 마을 앞 연도선착장은 수심이 낮기 때문에 객선이 기항하지 않는다. 때문에 섬을 들고 나기 위해서는 역포선착장과 마을버스를 이용하는 불편함을 감수해야 한다.

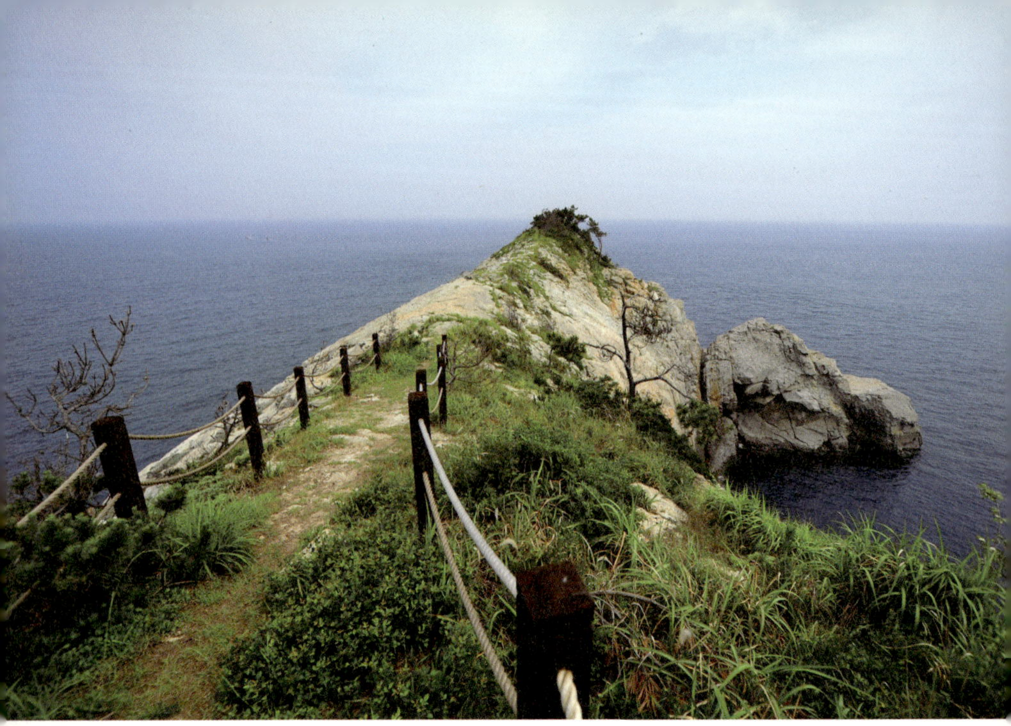

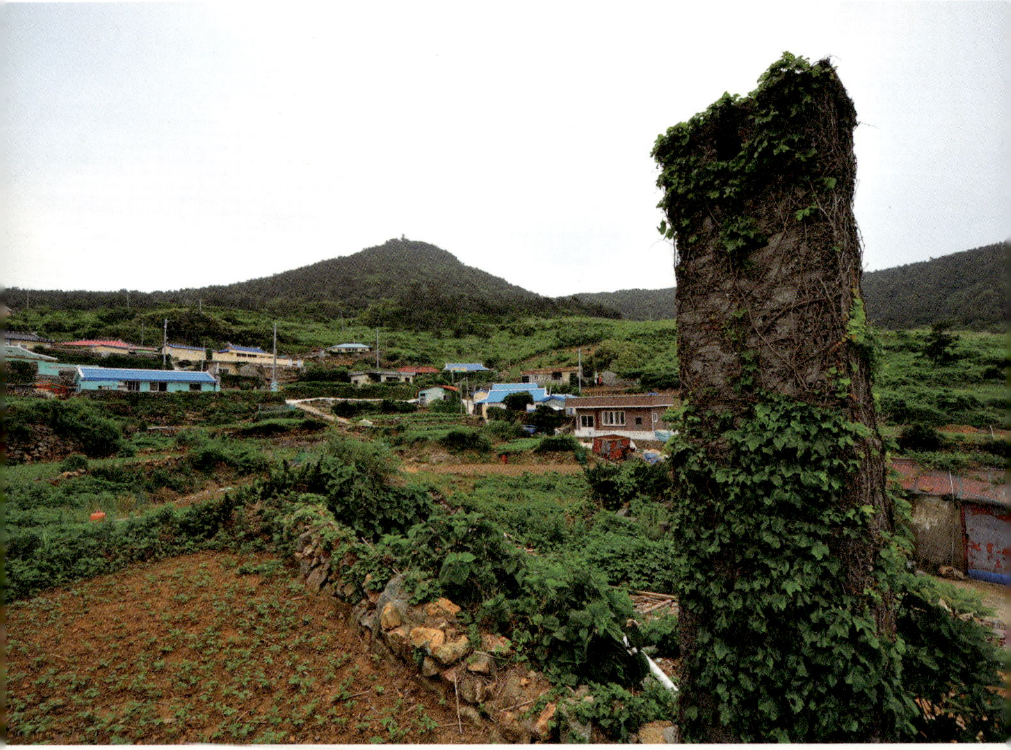

덕포마을과 몽돌해변

마을을 잠시 둘러본 후, 부근에 농협 마트가 있다 해서 찾아보았지만 이른 시간이라 개점 전이다. 할 수 없이 작은 구멍가게에서 맥주 두 캔과 생수를 사 들고 다시 배낭을 당겨 메었다. 목적지인 덕포마을 아래 몽돌해변으로 가기 위해서는 고개 하나를 넘어야 한다.

잠깐 걸었을 뿐인데 목덜미를 타고 흘러내리는 땀이 등판을 흥건히 적신다. 고개를 넘어가며 바라본 바다에는 생뚱맞게도 일자형 방파제가 가로질러 떠 있다. 알아보니 태풍을 대비한 시설이란다. 섬은 해가 바뀔 때마다 재해를 겪으면서 많은 것을 잃었지만 잘도 견뎌왔다. 섬을 여행하며 보이는 모든 것에는 인고의 흔적이 고스란히 남아 있는 듯했다.

고개 하나를 넘어 조금 내려가면 중턱에 자리한 작은 마을을 만나게 된다. 덕포마을이다. 이어진 길이 좁고 큰 몸집을 돌릴 만한 공간이 없으니 당연 버스는 이곳까지 들어오지 않는다.

평범해 보이는 작은 어촌마을이지만 마을을 가로지르며 물과 화장실 등을 부탁해도 좋을 만한 가옥 한두 곳은 찜해놓아야한다.

해안가의 돌밭

연도 해안의 대부분은 암석지형에 가파른 절벽으로 이뤄져 있다. 때문에 밀려든 해상 부유물들과 돌덩이들의 매끄럽지 못한 마모 상태에도 불구하고 덕포마을 앞 해변은 연도에선 너무도 귀한 곳이다.

배낭을 벗어 내려놓고 일단 주위를 한번 돌아보았다. 해안가의 돌밭은 오랜 파도의 영향으로 층이 져 있는데 해변 윗부분의 편평한 곳을 고르고 타프 한 동 들어갈 정도로 정지 작업을 한다. 팩을 박는 대신 큰 돌에 스트링을 감아 반쯤 묻어놓으면 상황 종료. 낮에는 타프만으로 지내다가 밤이 깊어 가면 메시스크린을 걸고 시원한 잠자리를 꾸밀 생각이다.

등대길을 따라

카메라 렌즈와 버너, 프라이팬, 소고기 한 덩이, 그리고 맥주 두 캔을 작은 배낭에 넣었다. 길을 걷다 발길을 붙잡고 시선을 멈추게 하는 장소를 만나면 언제든 주저앉아버릴 심산이었다. 해변에서 등대까지는 잘 닦인 산책로를 따라 이어졌다. 길 양쪽 높고 오래된 동백나무와 소나무 사이에서 바람이 불어와 한낮의 열기를 식혀주었다.

1910년 건립된 소리도 등대는 불빛이 42km까지 도달하여 여수 광양항을 드나들거나 서해안에서 부산 쪽으로 오가는 선박들에 중요한 길잡이 역할을 해오고 있다. 등대야 그렇다 치더라도 더욱 마음을 끄는 것은 탁 트인 하늘과 바다, 먼길을 온 것이 아깝지 않은 풍경이다. 잘 만들어진 데크로드는 아찔한 절벽의 등짝을 타고 이어지는데, 등대를 머리에 얹고 있는 대룡단이 용의 머리라면 소룡단은 꼬리의 형상을 닮았다.

전망대에서 절벽 아래를 굽어 내려다보면 바다와 맞닿은 그곳에 두 개의 동굴이 커다랗게 입을 벌리고 있다. 속평굴이라 불리는 해식동굴로 한동안 그 속에 네덜란드 난파선의 보물상자가 숨겨져 있을 거라는 이야기도 떠돌았다. 소룡단의 용의 꼬리를 마저 확인하고는 널찍한 정자에 앉아 자연이 주는 신선한 자극을 만끽할 수 있었다.

연도의 아침

아침 8시 30분 배를 타기 위해선 서둘러야 한다. 해변을 깨끗이 정리한 후 연도마을까지는 도보로 이동하고 그곳에서 역포까지는 마을버스로 이동하였다. 역포선착장은 고기잡이배들이 들어오면서 무척 분주해 보였다. 새벽 바다에서 실어온 수확물들을 정성스레 분류하는 사람들의 부산한 손길들. 고무 소쿠리 안에는 광어, 도다리, 우럭, 쥐치 등 청정 바다의 귀한 물고기들이 가득하다.

배가 연도를 떠나고 안도선착장을 향해 접어들 무렵, 섬 근해에서 조업을 마친 고깃배들이 여객선에 접안을 시도하고 선원들의 도움을 받아 어획물들을 옮겨 싣는 모습을 보았다. 한 척의 배가 떠나가면 기다리던 한 척의 배가 달라붙는, 새벽 바다에서 건져올린 싱싱한 어획물들을 뭍으로 보내기 위한 그들만의 특별한 운송법이다.

덕자회와 세미탕

기차 시간까지는 2시간 30분 정도가 남아 있어 무엇을 먹을까 고민하다 여객선터미널 근처의 선어횟집에 들러 덕자회를 주문했다. 상추와 깻잎을 손바닥에 펼쳐놓고 양념된장을 바른 회 한 점에 마늘과 고추 한 조각씩을 올려 먹으니 병어회와는 전혀 다른, 부드럽고 차진 육질에 일반 생선회보다도 더욱 고소하고 진한 맛이 일품이었다. 내친김에 같은 골목의 세미탕집으로 자리를 옮겼다. 쑤기미를 여수에서는 '세미'라고 부르는데 처음에는 주인아주머니께 "이거 삼식이 맞죠?"라고 했다가 무식하다고핀잔을 들었다. 모양은 비슷하나 전혀 다른 생선이다. 국물은 칼칼하면서도 개운하고 살코기는 쫄깃하여 소주와도 찰떡궁합이다.

통영

비진도

주소
경상남도 통영시 한산면

즐길 것
비진도해수욕장, 산호길 트레킹,
비진암, 팔손이나무 자생지

야영지
내항마을 폐교, 외항마을 송림

가는 길
통영 → 비진도(주말)
07:00 09:00 11:00 14:30
비진도 → 통영(주말)
09:30 10:00 12:00 14:00 16:55

문의/안내
한솔해운 055-645-3717, 055-641-0313
통영시 해양관광과 055-650-0510
한산면사무소 055-650-3600
통영섬여행 055-645-0101
www.badaland.com

보배에 비할 만한 섬

통영항에서 비진도 내항까지는 여객선으로 30분 정도 소요된다. 배를 떠나보내고는 마을 입구, 반들거리는 정자에 앉아 서호시장에서 사 온 해물과 소주 한 병을 꺼내놓고 아내와 마주앉았다. 그저 어선 몇 척이 정박된 선착장과 하늘빛이 투영된 바다만이 시야에 들어올 뿐이었지만 그 청량함만을 오롯이 만끽하려 온 섬이다.

비진도는 산수가 수려하고 풍광이 훌륭할 뿐만 아니라 해산물이 풍부하여 '보배에 비할 만한 섬'이란 뜻에서 유래되었다. 섬의 모습은 안 섬과 바깥 섬이 약 500m에 달하는 사주로 연결되어 있는 형태로 200명이 넘는다는 주민들 대부분은 이곳 내항마을에 거주한다.

그러나 섬 전체가 산지라서 사람 사는 땅이라 해봐야 바다와 맞닿은 손바닥만한 경사지가 전부. 산 아래 좁은 골목을 따라 낡은 가옥들이 어깨를 기대섰고 그 사이를 고추밭도 비집어 앉아 있다.

한산초등학교 비진분교장은 2012년 3월 폐교가 되었단다. 일단 폐교가 된 땅은 마을에서 임대하거나 구입하여 활용하게 되는데 뚜렷한 사업계획이 생길 때까지 대부분 방치되는 것이 일반적이다. 섬에 들어가 마땅한 숙영지를 찾지 못할 때는 폐교 자리를 살펴보는 것도 방법이다.

파란 하늘과 바다를 배경으로 하면 그 무엇이든 그림이 되는 듯하다. 마을 어귀 거칠게 칠해진 페인트가 오히려 앤티크하게 느껴지는 매점과 파라솔 벤치들, 그리고 거기에 앉아 수다를 나누던 마을 주민들. 여유로운 섬 풍경이다.

외항마을과 비진도해수욕장

외항마을이 있는 비진도해변까지는 걸어서 2km 정도의 거리이다.
길은 차가 다닐 수 있도록 제법 잘 닦여 있었고 섬 허리를 타고 까꾸

막고개(내항과 외항마을을 잇는 가파른 고개) 하나만 올라서면 크게 무리하지 않고 걸어도 30~40분이면 충분하다. 도란도란 이야기를 나누며 걷다가 땀 한번 훔쳐내고 잠시 멈춰 서서 아름다운 통영 바다를 바라보니 남아 있던 피곤함이 깨끗하게 씻긴다.

주말에는 관광객들과 트레커들로 북적였겠지만 평일의 섬은 고요 그 자체다. 식당과 가게 대부분은 문을 닫았고 그곳에서 일하는 사람들 역시 뭍으로 나가 있는지 찾아보기 어려웠다. 내항마을이 순수 섬마을이라면 외항마을은 마치 관광지의 단면을 보는 듯하다.

마을에서 가장 먼저 만난 사람은 이곳의 주민으로 보이는 노인이었다. 집 앞 골목에 앉아 마늘을 다듬고 있었는데 무표정하게 흘끔 쳐다보고는 이내 고개를 돌리고 만다. 그 덕에 인사를 건넬 기회를 놓쳐버렸다.

비진도해수욕장은 한쪽 면은 몽돌, 그 반대쪽은 모래톱으로 이루어져 있고, 일출과 일몰을 한곳에서 감상할 수 있는 천혜의 해변이다.

서쪽 바다가 남쪽 바다를 부러워한다면 투명한 물빛 때문이겠지. 서해의 갯벌 속에 수많은 보물들이 숨겨 있다 해도, 속이 훤히 비치는 청명함과 이국적인 정취는 탐이 날 만도 할 것이다.

하지만 서쪽 바다, 남쪽 바다, 동쪽 바다, 제각각의 독특한 멋과 확연한 특색들을 가지고 있으니 그때그때 느껴지는 다양한 감흥에 여행자는 마냥 즐겁고 오히려 고맙기만 하다.

주민들과 함께하는 여행

외항마을 바로 뒤편으로는 아담한 송림동산이 바다를 내려다보고 있다. 단체 등산객들이 식사를 하고 음주를 즐겼던 흔적이 곳곳에 있었고 뒷정리를 하지 않은 탓에 쓰레기 더미가 흉물스럽게 남아 있었다.

아내와 주변을 치우고 설영을 하고 나니 비진도 내에서 이만한 야영 장소도 없는 듯하였다. 통영 앞바다 거의 모든 섬이 한려해상국립공원에 들어가 있지만 20호 이상의 자연 마을은 이미 자연취락지구로 용도가 변경되어 있어 각종 규제에서 벗어난 상태이다. 그렇기 때문에 야영과 취사는 마을 주변에서, 주민들의 허락을 받고 하는 것이 바람직하다.

비진도에는 성수기 주말을 기준으로 해서 공식적으로 총 28개의 민박과 4개의 식당이 운영중이다. 외항마을에서는 선상체험 프로그램으로 코스별 해상 투어가 가능하고 해물뚝배기와 활어회 그리고 계절별 어촌 밥상을 맛볼 수 있다고 한다.

산호길 트레킹

비진도 산호길은 외항마을에서 해변을 지나 시작되어 바깥 섬의 능선을 오르고 312m의 선유봉을 돌아 내려오는 4.8km, 약 3시간 정도의 산행 코스이다.

통영시는 바다백리길이란 명칭으로 섬 주민들이 나무하러 다니거나 생계를 위해 오가던 길을 그대로 활용해 트레킹 코스를 조성하였는데 산호길도 그중 하나이다. 게이트를 지나고 빽빽한 동백숲 터널을 빠져나와 섬 허리에 오르면 탁 트인 산홋빛 바다가 발아래로 펼쳐진다. 허리춤에 재킷을 동여매고 두 팔을 자유롭게 맘껏 흔들며 앞서 걷는 아내는 소풍 나온 아이마냥 총총이며 날아가고 구불구불한 산길은 춤을 추듯 잘도 이어져간다.

돌담길을 스치고 있는 듯 없는 듯 정적의 숲길이 흐른 후 비진암은 수줍은 자태를 조심스레 드러낸다. 하지만 법당문은 굳게 닫혀 인기척조차 없고 오래전 이곳에 사셨다던 비구니도 보이지 않는다.

갈치바위의 유래

비진암을 지나 걷다가 섬 모퉁이를 돌아설 무렵 바다 쪽으로 용감히 솟은 바위 하나가 보인다. '슬핑이치' 또는 '갈치바위'라고도 하는데 '갈치바위'란 이름은 태풍이 불 때면 바위 위로 파도가 넘나들면서 소나무에 갈치들이 걸린다 해서 붙여진 이름이고, 한겨울이면 바다로 길게 뻗은 이 바위에 차가운 설풍(눈바람)이 가장 심하게 닿아 마을 사람들은 '슬핑이치'라고 불렀다고도 한다.

이곳을 지날 무렵 반대쪽에서 내려오는 한 무리의 탐방객을 만날 수 있었다. 순간 길을 거꾸로 걷고 있다는 걸 깨달았지만 어쨌든 순환 코스이니 크게 문제될 것은 없다. 이제껏 비교적 평탄한 길을 걸었다면 선유봉까지는 가파른 경사길이 기다리고 있다.

노루강정전망대와 선유봉전망대

노루강정전망대는 옛날 마을 사람들이 노루를 쫓다가 이곳 벼랑 아래로

떨어뜨려 잡았다는 이야기가 전해지는 곳이다. 강정이란 말은 해안의 바위벼랑을 일컫는 말로 비진도는 거시이(지렁이)강정, 깨강정, 비둘기강정, 수달피강정 등 정겨운 지명들을 가지고 있다.

선유봉전망대에서는 보는 사람이 없으니 대자로 누워 휴식을 취한들 흉이 될 것도 없고 봉우리를 타고 도는 시원한 섬 바람을 독차지한다 해서 눈치볼 일도 없다. 전망대는 2층 정자의 구조로 설치되어 있는데 펼쳐진 바다에 봉긋이 떠 있는 섬들의 형상을 안내도에 그려놓아 쉽게 그 이름을 알 수 있게 하였다.

내려가는 길은 훨씬 경사가 심했다. 올라오는 길에서 수려한 풍광에 시선을 빼앗겼다면 이제부터는 발끝에 주목해야 한다.

이곳에 살다가 하늘로 올라간 선녀가 섬에 홀로 남은 어머니의 식사가 걱정되어 땅으로 내려보낸 밥공기가 바위로 변했다는 전설이 전해지는 흔들바위를 지나 비진도와 그를 주변 섬들의 빼어난 조화가 한눈에 들어온다는 미인전망대에 섰다.

우리들의 섬 이야기

바다를 둘러선 병풍 같은 섬 무리들, 좌로부터 학림도 비particular도에서 한산도, 용초도, 추봉도를 지나 죽도, 장사도, 매물도, 소매물도까지 통영의 모든 섬들이 하늘과 바다가 맞닿은 선을 따라 겹으로 집결해 있다. 그러고 보면 섬은 더이상 외로움과 단절의 상징이 아니다.

아내는 물 빠진 몽돌해변에서 무언가를 잡아볼 생각인가보다. 돌을 뒤집어보고 한참을 그리 두리번거렸음에도 코펠에 담긴 것은 아무것도 없었다.

마지막 배가 통영으로 돌아가면 오래전 그때처럼 섬은 적막에 휘감기고 남겨진 것은 담담한 바다와 집 찾는 갈매기들뿐일 것이다. 고즈넉한 저녁, 아내가 좋아하는 음악을 틀어놓으니 조촐한 안주가 만들어졌다. 서로에게 집중하고 이해하며 끄덕이는 시간, 어느덧 이 작은 세상은 어둠 속으로 잠겨들고 우리들의 섬 이야기는 밤 깊도록 이어졌다.

에듀요

우도

주소
경상남도 통영시 욕지면

즐길 것
몽돌해수욕장, 구멍섬,
해초비빔밥, 바다낚시

야영지
몽돌해변 야영데크

가는 길
통영 → 우도 08:30 11:00 15:00(주말)
우도 → 통영 09:40 12::05 16:50(주말)

문의/안내
욕지면사무소 055-650-3580
통영시 해양관광과 055-650-0510
송도호민박 055-642-6714
통영섬여행 055-645-0101
www.badaland.com

캠핑 TIP

섬 캠핑을 위하여 휴대폰에 관련 앱들을 설치해놓으면 도움이 된다. 이중 가고 싶은 섬, 코레일톡, 고속버스모바일은 교통편의 예약과 발권을 위한 필수 앱이다.

통영에도 우도가 있다

이번 캠핑의 목적지는 통영 앞바다의 소를 닮은 섬, 우도이다.

우리나라에는 우도라는 이름을 가진 섬이 꽤나 많다.

잘 알려진 제주의 우도를 필두로 서해 5도 중 가장 남쪽에 위치한 섬 우도, 서산 벌천포 앞바다 굴이 맛있기로 소문난 우도, 금일도 해당화해변에서 바라보면 바다 가운데 오뚝하게 떠 있는 섬도 역시 우도이다.

여객선은 연화도를 거쳐 약 5분 후 우도에 기항하였다. 통영을 떠난 지 1시간 만이다. 금방이라도 비가 쏟아질 것 같은 잔뜩 찌푸린 날씨, 낯선 섬에 대한 호기심보다는 어서 빨리 숙영지를 찾아 설영해야 한다는 생각에 마음이 급해졌다. 지도를 살피니 우도의 마을 두 개를 지나 섬의 서쪽 해변까지 가야 했다.

선착장에서 시작된 길은 작은마을(아랫막개)의 낡은 가옥과 돌담 사이를 지나 숲으로 둘러싸인 고갯마루까지는 오름의 연속이었다. 불과 10여 분의 거리였지만 숨은 턱까지 차고 얼굴은 땀으로 범벅이 되었다.

숲속의 터널

이어진 섬길은 오래전 그대로 좁고 가파르다. 그래서 우도에는 차가 없다. 그리고 우도는 물이 귀한 섬이다. 우물에서 펌프로 퍼올린 물을 집집마다 설치된 물탱크에 담아 사용해야 했다. 산비탈의 경사진 땅을 개간하여 집도 지어 올리고 제법 넓적한 밭도 만들어내었던 우도 사람들, 척박한 환경은 자연을 고스란히 남아 있도록 해주었지만 때문에 그들의 삶은

늘 버겁고 고단하였을 것이다.

　큰마을 뒤쪽으로 위용이 범상치 않은 나무들이 있어 살펴보니 천연기념물 344호 생달나무와 후박나무였다. 높이만도 15~20m에 수령 400~500년의 나무들은 마을을 지키는 서낭림으로 섬사람들은 매년 이곳에서 마을의 안녕을 빌며 당산제를 지낸다고 한다.

　큰마을을 지나고 다시 낮은 고개를 넘어 해변으로 내려가는 길은 하루종일 햇볕 들어설 틈이 없을 것만 같았다. 동백나무 군락이 뒤덮어 놓은 이 길을 섬사람들은 '숲속의 터널'이라 부른단다. 수만 개의 잎을 흔들며 불어오는 바람, 중턱에 설치된 평상에 잠시 앉아 있는 것만으로도 새벽부터 이어진 강행군의 피곤함은 말끔히 가시는 듯하였다.

몽돌해변에 생긴 야영데크

몽돌해변에 도착하자 일행들의 표정이 갑자기 환해졌다. 시원한 바다를 눈앞에 두고 폭 2.5m 정도의 야영데크가 해안선을 따라 길게 이어져 있었기 때문이었다.

  2011년 우도는 행정안전부에서 선정한 '찾아가고 싶은 섬'에 선정된 후 그 사업의 일환으로 몽돌해변을 정비하면서 야영데크도 함께 놓이게 되었다. 화장실 수도 등 제반시설까지 설치되지 못한 것은 관광객 유입 효과를 기대할 수 없었거나 물이 부족한 섬 환경 때문이겠지만 그로 인해 해변이 자연미 넘치는 섬 바닷가 모습 그대로를 간직하게 되었으니 오히려 다행스러운 일이다.

두 개의 바위섬

몽돌해변 앞 두 개의 바위섬은 우도의 비경으로 손꼽힌다.

　좌측의 구멍섬은 섬 가운데 폭 4m 정도의 구멍이 뚫려 있어 물이 차면 작은 배가 드나들 수 있다고 하며 낚시꾼들 사이에서는 돌돔이 많이 잡히는 포인트로도 유명하다고 한다.

　고깃배 한 척이 오른쪽 섬에 접안하고 낚시꾼들을 내려주었다. 목섬으로 불리는 이 섬은 물의 들고 남에 따라 뭍이 되기도 하고 섬이 되기도 한다. 쾌적한 야영환경, 멋진 풍광, 한적한 분위기. 우도를 이번 캠핑의 목적지로 한 것은 정말 잘한 일이라 여겨졌다. 아쉬움이 있다면 오로지 날씨뿐이다.

힐링의 섬, 우도

우도의 몽돌해변에선 다른 무언가를 찾아야 한다는 부담감이 없다.

　끊임없이 오가는 파도, 크고 작은 바람이 갯돌 위를 스쳐가고 하늘의

구름마저 시시각각으로 변해가니 머물러 바라보는 것만으로도 즐겁다.

통영의 다른 섬들과 마찬가지로 우도에도 해안가와 마을 그리고 예전 섬사람들이 나무를 하고 지게를 지고 나르던 옛길을 정비하여 약 3.7km의 탐방로를 조성해놓았다.

몽돌해변에서 출발, 마을 초입 우물가에서 용강정이란 이정표를 따라 300m쯤 오르면 산허리 작은 정자에 닿게 되는데 이곳에서 당산길과 갈라진 탐방로는 능선을 타고 이어져 작은마을 선착장으로 내려오게 된다.

하지만 무성한 나무와 제멋대로 자란 풀들이 산길을 덮고 안내판도 눈에 띄지 않아 자칫하다가는 길을 잃기 쉬우니 주의해야 한다.

송도호민박과 해초비빔밥

송도호민박은 우도에 단 하나뿐인 식당이자 뭍에서도 잘 알려진 유명 맛집이다. 그도 그럴 것이 이곳의 해초비빔밥은 〈한국인의 밥상〉에도 소개된 적이 있을 정도이다. 그러나 식당이 섬의 명물이 된 것은 단지 그것뿐만이 아닌 듯했다. 아내는 작은 소리로 식당 주인 부부가 출연한 다큐 〈인간극장〉을 보았다고 했다.

식당 밖에선 월척을 한 낚시꾼들의 무용담이 끊이질 않고 안주인 은 그들이 잡아다놓은 생선을 손질하느라 분주하다.
 "이거 한 점 드셔보이소."
  그녀가 내민 작은 종지에는 전갱이회 몇 점이 놓여 있었는데 쫀득하게 씹히는 식감도 좋았고 고소한 맛 또한 일품이었다.
  다음날 아침에도 이곳을 찾았다. 각종 나물, 갈치젓갈, 해초부침개, 생선 조림과 구이로 이미 그득해진 밥상, 거기에 해초비빔밥과 미역국마저 오르고 나니 산해진미가 따로 없다.
  해초비빔밥은 톳으로 만든 밥에 안주인 강남연씨가 직접 갯바위에서 채취한 가시리, 서실, 미역 등의 대여섯 가지 해초를 넣고 특제 양념장에 비벼먹는 것인데 입안 가득히 퍼지는 바다 향이 풍성하고 씹을 때마다 느껴지는 해초 고유의 식감 또한 유쾌하다.

우도 지킴이

주민의 대부분이 일흔을 넘어선 노인들의 섬 우도, 강남연씨 부부는 우도에서 가장 젊은 사람들이다. 방송에 몇 번 소개되면서 찾아오는 손님들도 늘고 유명세도 타고 있지만 그들의 모습은 변한 것이 없다. 14년 전 섬에 들어와 마을의 온갖 궂은일을 도맡아 해왔던 부부는 지금도 섬 어르신들의 손과 발이 되어 하루하루를 바쁘게 살아간다.
  섬에 하나뿐인 부부 소유의 고깃배로 오늘도 어르신 몇 분을 태우고 연화도를 다녀왔고 볕이 좋은 오후에는 할머님들의 머리를 손봐드릴 예정이라 했다.
  그래서 사람들은 그들을 '우도 지킴이'라고 부른다.

제주

비양도 우도

주소
제주특별자치도 제주시 성산읍

즐길 것
유람선 관광, 자전거 하이킹,
바다낚시, 비양도, 버스 투어,
우도봉, 검멀레해변,
하고수동해변, 홍조단괴해변,
쇠머리오름

야영지
모구리 야영장, 돈내코 야영장,
김녕해수욕장 야영장,
교래자연휴양림 야영장,
비양도

가는 길
성산항 → 우도 08:00~ (1시간 간격)
우도 → 성산항 07:30~ (1시간 간격)

문의/안내
종달에서 우도로 가는 여객선도 있다.
우도가는배 www.udoship.com

기억 속의 비양도

우도가 제주도의 부속 섬이라면 우도의 남동쪽 끝자락에 위치한 비양도는 우도가 품은 또다른 섬이다. 비양도는 우도 본섬과 120m 정도 떨어져 있으며 다리를 놓아 차량과 사람들이 쉽게 오갈 수 있도록 하였다. 면적은 약 0.029km^2, 바다를 마주하고 펼쳐진 너른 잔디밭에 섬 안쪽으로는 전복, 소라구이 등 해산물을 파는 식당이 자리하고 있어 온종일 관광객들이 쉴새없이 찾아든다. 비양도 전체 조망이 가능한 망루에 올라 추억 담기에 여념이 없다. 시간이 흘러 밀물이 들고 수면이 높아지면 등대가 버티고 있는 작은 땅은 비양도가 품은 또하나의 섬이 된다. 비양도는 예전에는 제주에 거주하는 캠퍼들만 아는 숨은 야영지였지만 최근에는 백패커라면 한 번쯤은 가봐야 할 명소가 되었다.

5년 전 비양도에서 처음 야영을 즐겼던 기억을 잊을 수가 없다. 쇠머리오름 끝에 올라 바다 건너 일출봉의 또다른 모습에 감탄하며 돌아왔을 때, 잿빛 파도와 거친 바람에 둘러싸인 외로운 섬 비양도가 보였다. 두꺼운 구름 뒤 일정한 궤적을 그리며 일주한 태양빛이 사라진 후에 망루에 올라 섬 위에 떠 있는 단 한 동의 텐트를 카메라에 담으며 얼마나 벅차했었는지. 그날 섬 속의 섬은 나를 위해 존재하는 듯했다.

제주에서의 캠핑 준비

10월, 참 좋은 가을 그리고 주말 아침, 제주공항에 내려 차량 한 대를 렌트했다. 제주도에 올 때 몇 번이고 시외버스를 이용해본 경험이 있으나 일단 동선이 길고 기다려야 하는 시간이 많은데다가 때때로 택시를 타게 되면 결국은 교통비에서 절약되는 부분도 미미하여 최근에는 거의 차량을 빌리는 편이다.

트렁크에 배낭을 옮겨 싣고 제주시가 자랑하는 3대 해장국집의 하나인 '은희네해장국'에 들러 소고기와 선지가 듬뿍 들어간 국밥 한 그릇으로 든든히 배를 채우고는 식재료를 구입을 위해 상설재래시장인 동문시장에 들렀다. 다양하고 신선한 제주의 먹거리와 상인들의 구수한 사투리, 이것저것 구경하다 정신이 팔리면 한두 시간은 훌쩍 흘려보내기 마련이다. 성산항에서 우도까지는 여객선으로 15분 거리. 피서철에는 차를 가지고 우도로 들어가는 것이 만만치 않겠지만 시즌이 지나면 그나마 여유가 있다. 자전거 동호회, 트레커, 백패커 등 섬 속의 섬을 찾는 사람들은 연령층도 다양하고 그 목적 또한 제각각이다.

우도의 명물, 땅콩

우도는 몇 년 전과 크게 달라진 것이 없었지만 풍속은 많이 변해 있었다. 그중 대표적인 것이 땅콩을 이용한 먹거리들인데 아이스크림과 빙수는 물론 막걸리까지 등장했다. 일반 땅콩의 3분의 1 정도의 크기지만 볶지 않고 껍질째 먹어도 전혀 비리지 않다. 그래서인지 땅콩 막걸리는 막걸리 특유의 텁텁함이 덜한 대신 고소함이 강하고 뒷맛이 부드럽기까지 하다. 단 병당 4~5,000원으로 일반 막걸리에 비해 비싼 편이니 적당히 맛을 보는 정도가 좋겠다.

　우도에선 개인 차량이 없는 경우 5,000원으로 버스 투어를 할 수 있다. 버스가 정류장에 정차하면 그곳을 탐방하고 추가 요금 없이 다음 버스를 타고 이동할 수 있다.

　우도 주민의 대부분은 우도에서 태어나고 자라난 본토박이들인데다 같은 마을 사람과 결혼하는 경우가 많아 주민들의 대부분은 우도 내에 외가, 처가, 친정, 친가를 두고 있다고 한다. 덕분에 혈연적, 지역적 연고 의식이 아주 강하고 결속력도 뛰어나다는데 육지를 오가기 쉽지 않던 시절, 섬이 가진 생존방식은 아니었을까 생각해본다.

우도 8경

우도는 우도 8경을 비롯해 눈길이 닿는 풍경이 모두 절경이다. 일출은 우도 등대에서 바라본 성산일출봉의 해돋이가 장관이라면, 낙조는 섬의 서쪽 홍조단괴해변이 일품이다. 예전에는 산호사해변으로 불렸던 이곳은 해빈 퇴적물을 이루는 구성요소가 산호가 아닌 홍조류로 밝혀지면서 새로운 이름을 얻게 되었다. 아름답게 빛나던 에메랄드빛 바다와 백색 해변의 색이 바래갈 무렵, 제주 본섬의 하늘을 붉게 물들이며 지는 해는, 보는 이들의 발걸음을 멈추게 하며 가슴 깊이 새겨진다.

우도 8경을 제대로 감상하기 위해선 섬에서는 물론, 때론 배를 타고 바다에서 섬을 한 바퀴 돌아봐야 한다. 우도 유채꽃마을에서 운영하는 '우도유람선투어'도 하나의 방법이다.

우도 8경의 제1경은 '주간명월'로 대코지로 불리는 암벽 주위의 해식동굴에서 한낮 태양이 수면에 반사되어 동굴 천장에 비치면 마치 둥근 달처럼 보이는 현상이다.

제2경은 '야항어범'으로 6~7월 집어등을 켠 채로 조업을 하는 멸치잡이 어선들의 휘황한 모습, 제3경은 '천진관산'으로 천진리의 동천진동항에서 바라본 일출봉과 수산봉 그리고 한라산의 빼어난 절경, 제4경 '지두청사'는 지두의 푸른 모래를 뜻하며 우도봉 정상에서 내려다본 우도 전경과 푸른 바다, 하얗게 부서지는 파도와 눈부시게 빛나는 백사장의 풍경을 통틀어 일컫는다.

또 제5경은 '전포망도'로 제주 본섬 구좌읍 종달리와 하도리에서 바라본 우도의 모습을 말한다. 제6경 '후해석벽'은 바다를 등지고 솟아 있는 바위 절벽, 즉 천진동 포구에서 바라본 동쪽의 수직절벽인 광대코지를 일컫는 말이며, 제7경 '동안경굴'은 거인고래가 살았다는 전설이 전해 내려오는 검멀레해변의 일명 '콧구멍'이라는 해식동굴이다. 마지막으로 제8경은 '서빈백사'로 홍조단괴해변의 하얀 백사장을 말한다.

백패커들의 천국, 비양도

저녁이 되어 관광객이 모두 빠져나간 비양도는 캠퍼들의 천국이 된다. 울긋불긋한 텐트들이 저마다의 빛을 밝히고 삼삼오오 모여앉아 그늘만의 추억 쌓기에 열중이다. 제주를 찾는 여행객들 대부분이 그렇겠지만 우도에서 2박 이상을 하는 경우는 극히 드물다. 날이 밝으면 제주의 또다른 모습을 찾아 섬을 떠날 사람들, 그래서 비양도에서의 단 하룻밤은 이토록 소중하고 간절하다.

이윽고 비가 쏟아졌다. 한밤중이지만 파도는 하얀 이를 드러내며 파열하고 그 소리는 오히려 빗소리를 삼켜버릴 기세이다. 흠뻑 젖은 채 스트링을 걸고 팩다운을 보강하여 텐트를 단단히 고정하는 캠퍼들, 축제는 난장이 되었어도 며칠만 지나고 나면 몸서리치게 그리워할 순간이라는 것을 잘 알고 있다.

모구리 야영장

야영장 뒤로는 높이 230여 m의 말굽형 오름이 자리하고 있는데 그 모습이 어미개가 새끼를 안은 것처럼 보여 모구리라 이름을 붙였으며 한자로는 모구악(母狗岳)이라고 한다. 2003년 5월 개장, 당연 그 오름의 이름을 따서 모구리 야영장이란 이름을 갖게 되었다. 오토캠핑장은 아니지만 야영지가 주차장에서 그리 멀지 않고, 전기가 들어오며 온수 샤워가 가능한 사계절 야영장이다. 이곳에 대한 평가가 극으로 갈리는 것은 비가 내리는 습기를 잔뜩 머금은 날에는 배수는 잘되지만 겉은 퍽퍽하고 속은 진득거리는 바닥 때문이다. 하지만 성읍민속마을 3km, 표선해수욕장 10km, 성산항(일출봉, 섭지코지 등) 12km 등 비교적 가까운 거리에 있고 제주시, 서귀포시도 40~50분이면 충분하다. 모처럼 제주도 여행에 야영과 관광을 동시에 즐기려는 계획이라면 베이스캠프로 최적의 야영지다.

돈내코 야영장

돈내코는 한라산에서부터 내려오는 얼음같이 차고 맑은 물이 항상 흐르고 있으며 계곡 양편에는 난대 상록수림이 울창해 시원하고 주변 경관이 빼어나 제주도민의 피서지로 잘 알려져 있다. 여름철의 시원한 야영장으로 손에 꼽히지만, 유명한 장소가 그렇듯 행락객들과 텐트, 차량이 뒤섞이면 다소 무질서하고 유원지의 느낌이 있어 비교적 한가한 봄가을에 가보길 추천한다.

상설시장인 서귀포매일올레시장은 돈내코에서 8km 거리이다. 이곳은 전통재래시장으로 다양한 식재료를 저렴하게 구할 수 있으며 정방폭포, 외돌개, 천지연폭포 등의 명소가 근방에 있어 먹거리와 볼거리를 동시에 즐길 수 있다.

교래자연휴양림 야영장

교래자연휴양림 야영장은 전형적인 관리형 야영장으로 사계절 이용이 가능하고 선착순제로 운영된다. 너른 잔디밭 주변과 야영데크에 설영이 가능하고 돌문화공원과 휴양림이 바로 인접해 있어 가벼운 산책도 즐길 수 있다. 야영장은 숲으로 둘러싸여 바람의 영향이 적고 더구나 겨울철에도 온수 사용이 가능하니 제주도 동계 캠핑에는 최적지라 할 수 있다.

제주시에서도 차량으로 불과 20분 거리, 2일과 7일 열리는 제주민속오일장도 날짜가 맞는다면 꼭 한번 들러봐야 할 구경거리이다.

김녕해수욕장 야영장

만약에 차량을 렌트하지 않고 대중교통을 이용해 제주도를 돌아보고자 한다면 김녕해수욕장 야영장을 베이스로 하는 것이 좋다. 제주시 시외버스터미널에서 동회귀선 버스에 오르면 김녕까지는 대략 50여 분이 소요된다. 택시비는 18,000원 정도 하며 제주에서 택시를 탈 때는 가려는 곳의 콜택시를 부르는 것이 요금을 절약하는 방법이다.

사실상 야영장 시설은 여름 한철 한시적으로 운영되고 있지만 이 야영장 근처에는 가좌읍 체육공원이 있어 비수기에도 화장실이나 물을 사용하기에 커다란 어려움은 없다. 에메랄드빛 바다를 바로 앞에 두고 너른 잔디밭 위에서 여유로운 캠핑을 즐길 수 있으며 김녕 읍내에 있는 마트에서 필요한 식재료를 구할 수 있다.

협재

주소
제주특별자치도 제주시 한림읍

야영지
협재해변, 금릉해수욕장
제주안뜰 010-3255-3814
(펜션 2인실 50,000원)

문의/안내
제주시 해양수산과 064-728-3394

먹거리
일통이반 064-752-1028
(각종 해물, 보말죽, 자연산회)
신설오름포장마차 064-758-0143
(몸국, 고기국수, 돔베고기)
만선식당 064-794-6300
(고등어회, 고등어조림, 갈치조림)
함덕잠녀해녀촌 064-782-6769
(각종 해물, 전복죽, 매운탕, 물회)

저녁 9시가 넘어 제주공항에 도착 후, 버스를 타고 중앙로 사거리 〈동문여관〉을 찾았다. 이곳은 제주시에서는 드물게 하루 숙박비가 30,000원인데, 시설이야 보잘것없지만 저렴하게 묵을 수 있어 애용해오던 곳이다. 그러나 가는 날이 장날이라고 마침 단체 관광객이 들어 방이 없다고 한다. 하는 수 없이 건너편 호텔에 자리를 잡고 늦은 저녁을 먹으러 나갔다. 걷다보니 탑동 팔레스호텔 뒤편에 수족관이 놓인 조그만 술집이 보였다. '각종 해산물'이라고 적힌 문구가 솔깃해 문을 열고 안으로 들어섰다.

제주의 각종 해산물

돌멍게, 홍해삼, 왕보말회, 전복회, 성게알 등 쉽게 접할 수 없는 메뉴가 많아 잠시 망설이다 성게알 한 접시(30,000원)를 주문했다. 이번 것이 첫물이라는 말과 함께 접시 가득 담겨 나온 성게알은 고소하고 깊은 향이 있었으며 싱싱함은 말할 것도 없었다.

이곳 〈일통이반〉의 주인 문정식씨는 우리나라 해남(海男) 1호로 해녀였던 할머니와 어머니에게 물질을 배우고 일본 등지를 다니며 일을 하다가 3년 전 식당을 개업했다. 지금도 아침이면 매일같이 바다에서 싱싱한 해산물을 직접 채취해 손님상에 올리니 육지는 물론 일본 사람들이 찾아올 정도로 단골이 많다고 한다.

성게는 6월에 가장 많이 나는데 토종 참성게는 까맣고 작지만 독이 없고 맛과 향이 진하다. 소주에 성게알을 작은 한 스푼 넣어 마시고 마지막에 입안에서 알을 터뜨리면 성게 향이 퍼져 독특한 뒷맛을 낸다. 이제 끝물이라는 홍해삼 한 접시(30,000원)도 주문하였다.

씹기가 어려울 정도로 단단한 육질을 꼬들꼬들 모질게 씹어내면 해삼 특유의 담백한 맛이 아주 그만이다. 한번 먹어보라며 내어준 왕보말죽은 거무스름한 것이 평소 먹었던 것과는 달리 진하고 묵직한 감칠맛이 느껴졌다. 그가 수족관에서 건져온 어른 주먹만한 왕보말은 바닷속으로 15m는 들어가야 잡을 수 있는 것이라 했다.

몸국과 돔베고기

사실 이번 여행의 목적지는 추자도였다.

밤사이 비가 많이 내렸고 바람까지 강하게 불어 불안했었는데 제주연안여객선터미널에 도착했을 때 아니나 다를까 제주에서 출발하는 모든 여객선이 결항으로 발이 묶여 있었다. 이곳이 목포나 여수쯤 되었다면 난감했을 테지만 그래도 이곳은 누구나 첫손가락으로 꼽는 환상의 섬 '제주도' 아닌가. 이왕 이리 된 것, '제주 맛 기행'이나 떠나볼까싶어 일단 공항 부근으로 가서 저렴한 승용차 한 대를 렌트했다.

〈신설오름〉으로 알려진 식당의 정식 이름은 〈신설오름포장마차〉이다. 제주시 일도2동 인제사거리 부근에 위치하고 있으며 주메뉴인 몸국이 아주 일품이다. 몸국은 돼지고기를 삶은 국물에 몸(모자반)을 넣고 메밀가루를 풀어 걸쭉하게 끓여낸 것으로 몸과 돼지고기가 궁합이 잘 맞아 느끼하지 않고 담백하여 술안주나 해장으로 그만이다.

제주에서는 상이나 혼례가 있을 때 돼지를 잡는 풍습이 있었다. 먹을 것이 다양하지 않던 시절이라 '반'이라 하는 접시에 찬을 배급해주었는

데, 빵 반쪽, 사과 반의반 쪽, 메밀부침에 무나물을 넣어 둘둘 말아낸 빙떡 하나, 얇고 넓적하게 썰어낸 삶은 돼지고기 두어 장이 고작이었다. 당연 배식 담당자 중 도마(돔베)를 앞에 두고 고기를 썰어 나눠주던 이가 가장 막강한 권력을 가졌을 것이다. 돔베고기는 이에서 유래된 말이다.

또 돼지를 잡으면 마당 구석에 불을 피우고 그 덩어리들을 넣어 삶아내는데, 익은 고기를 건져내고 소쿠리에 담아내면 들통에는 달랑 육수만이 남는다. 여기에 몸을 넣으면 몸국이 되고 또 고사리를 넣으면 제주식 육개장이 된다.

협재해수욕장 야영장

제주도에는 캠퍼들에게 잘 알려진 우도 비양도 외에 협재해변 건너편에 또하나의 비양도가 있다. 하지만 풍랑주의보로 인해 오늘 하루 비양도를 오가는 도선은 운행하지 않는다고 한다.

한림항 상설시장에서 식재료와 식수 등을 구입하고 협재해변을 찾았

다. 잔뜩 찌푸린 날씨임에도 건너편 섬 비양도가 또렷이 보일 만큼 시야는 선명했으며 둘러싼 바다는 맑고 투명하였다.

협재 야영장은 높게 뻗은 해송이 빼곡히 들어서 그늘이 촘촘한데다 둘러진 언덕이 습한 바람을 막아주니 여름철 캠핑에는 단연 최적의 장소라 할 수 있다. 하지만 아직은 그늘을 찾아야 하는 시기가 아닌데다 해변도 비교적 한산하여 전망 좋은 메인 해변 끝자락에 텐트와 타프를 피칭했다. 저물어가는 협재의 바다는 잔잔했고 바람 역시 전혀 거슬리지 않았다.

또다른 비양도

비양도에 가는 첫 배는 아침 9시에 있다. 부지런을 떨며 조금 이르게 한림항에 도착해보니 다소 시간이 남았다. 해무가 내려 오히려 전날보다 갑갑했다. 비양도까지는 도선으로 15분 정도의 거리이다.

비양도의 첫인상은 별다를 것 없는 제주의 어촌마을이다. 유별나게 장식된 펜션이나 카페 하나 보이지 않고 주민들은 관광객들이 섬을 찾든 말든 자신들의 일상에만 집중하고 있다. 비양도의 둘레는 3km, 보통 걸음으로도 1시간이면 충분하며 해안을 따라 길이 이어져 있어서 어느 방향으로든 걷다보면 결국 처음 자리로 돌아온다.

비양도는 가마우지의 서식지라서 바닷가를 걷다보면 기암괴석 위로 떼를 지어 있는 모습이 장관이다. 남도의 섬에서 한두 마리 보았던 경험은 있었지만 이렇게 한번에 무리를 보는 것은 처음이었다.

애기 업은 돌과 팔랑못

이어지는 해안가에는 '애기 업은 돌'이라 불리는 천연기념물 제439호인 용암기종이 서 있다. 130여 년 전쯤 구좌읍 김녕리 해녀들이 비양도에

와서 물질을 하고 집으로 돌아갔는데 한 해녀가 일행과 떨어져 우연히 섬에 남게 되었다. 해녀는 아기를 업은 채 남편이 데리러 와주기를 하염없이 기다렸고 결국엔 망부석이 되었다고 한다. 훗날 사람들이 이 돌을 일컬어 '애기 업은 돌' 또는 '애기 밴 돌'이라 불렀고 아기를 못 낳는 사람이 치성을 드리면 효험이 있다고도 전해진다.

팔랑못은 바닷물이 뭍으로 흘러들어와 커다란 연못을 이룬 염습지로 밀물 때는 연못 아래에서 바닷물이 솟아나고, 비가 내리면 민물이 고이기도 한다. 주변으로는 잔디가 펼쳐지고 데크로드로 산책로를 만들어 해안가와는 또다른 정취를 자아낸다.

선착장에서 비양봉 정상 등대까지는 불과 500m, 등대는 비양도 최고의 조망 포인트이다. 날씨가 좋으면 에메랄드빛 해변이 아름답게 펼쳐진 금릉, 협재해수욕장은 물론 한라산을 품은 제주도가 온전히 한눈에 들어오고 멀리 해남 땅까지 굽어보인다고 한다.

모슬포 고등어회

모슬포항에 위치한 '만선식당'은 고등어회 전문점이다. 모슬포 바다에서 잡은 고등어를 바다 가두리 양식장에 가둬놓고 하루 전 수족관으로 옮겨 횟감으로 사용하기 때문에 만선식당의 고등어회는 무척 신선하며 쫄깃하다.

조미 안 된 생김에 밥과 회 한 점을 올리고 양파와 부추 겉절이를 얹어 싸먹는 것이 이 집만의 독특한 방식이다. 여기에 전복과 돼지고기 산적까지 곁들여 나오니 미각이 즐겁지 않을 수 없다.

고등어는 좁은 공간에서 오래 있으면 스트레스를 받아 기름이 올라오고 쫄깃한 맛이 적어진다고 하는데 도시에서 먹었던 회 맛이 제주와 다른 이유가 거기에 있었나보다.

몇 번 캠핑해본 적이 있는 김녕 야영장으로 향해 재빨리 설영한 후 성산포 농협에서 산 무려 4,000원짜리 우도땅콩 막걸리를 마시려는데 이제는 비바람이 타프 안으로 들이치기 시작했다.

제주안뜰에서의 짧은 기억과 함덕잠녀해녀촌

후배 지훈은 서울에서 살다가 제주에 정착한 지 채 1년이 안 되었다. 민가를 하나 구입해 리모델링 후 '제주안뜰'이란 게스트하우스를 개업했는데 내가 제주에 있다는 소식에 김녕해변까지 와주었다. 그는 날씨가 좋지 않으니 자기 집으로 가자고 했다. 몇 번을 사양했지만 강요에 못 이겨 결국 일어서게 되었다. 따뜻한 물로 샤워를 하고 하얀 시트가 깔린 침대에 누우니 고집을 부리지 않은 것이 정말 다행으로 여겨졌다.

김녕해변에 돌아와 텐트 상태를 확인한 후 배낭을 꾸리고는 지훈을 따라 '함덕잠녀해녀촌'이란 식당을 찾았다.

이곳은 함덕어촌계 해녀회에서 운영하는 식당으로, 해녀들이 조를 나누어 돌아가며 음식 조리부터 서빙까지 맡아서 한다. 가장 인기 있는 메뉴는 모둠해물로 해녀들이 직접 잡은 싱싱한 해삼, 문어, 소라 한 접시가 상 위에 오르면 그 꼬들꼬들한 식감에 탄성이 절로 나온다. 제주도에는 이처럼 해녀들이 직접 운영하는 식당들이 바닷가 마을 곳곳에 있는데 싱싱하고 가격이 저렴해 많은 관광객들이 물어물어 찾아든다.

섬이라니, 좋잖아요

초판 1쇄 발행	2016년 7월 11일	출판등록	2009년 5월 26일 제406-2009-000034호
초판 2쇄 발행	2019년 3월 21일	주소	10881 경기도 파주시 회동길 455-3

글·사진　김민수

✉ dal@munhak.com
🐦 f ⓘ dalpublishers
전화번호　031-8071-8682(편집)　031-8071-8670(마케팅)
팩스　031-8071-8672
ISBN　979-11-5816-032-6　13980

편집장	김지향
기획·책임편집	이희숙
편집	박선주 김지향
모니터링	이희연
디자인	신선아
제작	강신은 김동욱 임현식
마케팅	최향모 이지민
홍보	김희숙 김상만 이천희
관리	윤영지

- 이 책의 판권은 지은이와 (주)달에 있습니다.
  이 책 내용의 전부 또는 일부를 재사용하려면 반드시 양측의 서면 동의를 받아야 합니다.
- 벨라루나(Bella Luna)는 달 출판사의 실용 브랜드입니다.
- 이 도서의 국립중앙도서관 출판예정도서목록(CIP)은 서지정보유통지원시스템 홈페이지(http://seoji.nl.go.kr)와 국가자료공동목록시스템(http://www.nl.go.kr/kolisnet)에서 이용하실 수 있습니다. (CIP제어번호: CIP2016015164)

펴낸이	이병률
펴낸곳	달
브랜드	벨라루나